Et pourtant elle chantait
de Pauline Gill
est le six cent quatre-vingt-dixième titre
publié chez
VLB ÉDITEUR.

La collection « Roman »
est dirigée par Jean-Yves Soucy.

VLB éditeur bénéficie du soutien de la Société de développement des entreprises culturelles du Québec (SODEC) pour son programme d'édition.

Nous reconnaissons l'aide financière du gouvernement du Canada par l'entremise du Programme d'aide au développement de l'industrie de l'édition (PADIÉ) pour nos activités d'édition.

Nous remercions le Conseil des Arts du Canada de l'aide accordée à notre programme de publication.

ET POURTANT ELLE CHANTAIT

DE LA MÊME AUTEURE

La Porte ouverte, Montréal, Éditions du Méridien, 1990.
Les Enfants de Duplessis, Montréal, Libre Expression, 1991.
Le Château retrouvé, Montréal, Libre Expression, 1996.
Dans l'attente d'un oui, Montréal, Édimag, 1997.
La Cordonnière, Montréal, VLB éditeur, coll. «Roman», 1998.
La Jeunesse de la cordonnière, Montréal, VLB éditeur, coll. «Roman», 1999.
Le Testament de la cordonnière, Montréal, VLB éditeur, coll. «Roman», 2000.

Pauline Gill

ET POURTANT ELLE CHANTAIT

roman

vlb éditeur

VLB ÉDITEUR
Une division du groupe Ville-Marie Littérature
1010, rue de La Gauchetière Est
Montréal, Québec H2L 2N5
Tél.: (514) 523-1182
Téléc.: (514) 282-7530
Courriel: vml@sogides.com

Maquette de la couverture: Nicole Morin.
Illustration de la couverture: Anderson, *Awake*, The Bridgeman Art Library.

Données de catalogage avant publication (Canada)

Gill, Pauline
    Et pourtant elle chantait
    (Roman)
    ISBN 2-89005-776-3
    I. Titre.
PS8563.I479E8   2001   C843'.54   C2001-941110-3
PS9563.I479E8   2001
PQ3919.2.G54E8   2001

DISTRIBUTEURS EXCLUSIFS:

- Pour le Québec, le Canada
  et les États-Unis:
  LES MESSAGERIES ADP*
  955, rue Amherst
  Montréal, Québec H2L 3K4
  Tél.: (514) 523-1182
  Téléc.: (514) 939-0406
  *Filiale de Sogides ltée

- Pour la France:
  D.E.Q. – Librairie du Québec
  30, rue Gay-Lussac
  75005 Paris
  Tél.: 01 43 54 49 02
  Téléc.: 01 43 54 39 15
  Courriel: liquebec@cybercable.fr

- Pour la Suisse:
  TRANSAT S.A.
  4 Ter, route des Jeunes
  C.P. 1210
  1211 Genève 26
  Tél.: (41.22) 342.77.40
  Téléc.: (41.22) 343.46.46

Pour en savoir davantage sur nos publications,
visitez notre site: **www.edvlb.com**
Autres sites à visiter: www.edhomme.com • www.edtypo.com
• www.edjour.com • www.edhexagone.com • www.edutilis.com

© VLB ÉDITEUR et Pauline Gill, 2001
Dépôt légal: 3ᵉ trimestre 2001
Bibliothèque nationale du Québec
Bibliothèque nationale du Canada
Tous droits réservés pour tous pays
ISBN 2-89005-776-3

*À ma mère, comme une gerbe de fleurs
portée à mon père au jour de leurs retrouvailles*

« Tu devrais la faire voir par un bon médecin, lui dit ma grand-mère. Il n'est pas normal qu'à cinq ans elle... »

Les derniers mots se perdent dans un marmonnement inaudible. Maman lui accorde l'aumône d'un hochement de tête. Pour ne pas la contrarier, je crois.

Je ne l'aime pas, cette grand-mère, et je ne fais là qu'épouser les sentiments qu'elle nourrit à mon égard. En sa présence, tous, sauf moi, prennent une voix feutrée, redoublent ses interrogations, encensent ses affirmations. Ils savent qu'elle déteste la controverse et les non-dits.

Ficelée dans des corsages étroits et de longues jupes couleur de deuil, elle a, depuis toujours, habitué à la docilité ses cheveux lissés sur le dessus de la tête et torsadés sur la nuque. Une docilité qu'elle aimerait imposer aux rejetons de sa lignée et à tous ceux qui peuplent son univers. Assujettie depuis quarante ans à un homme intransigeant, réfractaire à l'effleurement même de la tendresse, ma grand-mère maternelle a pris sa revanche. Seule détentrice du pouvoir de modeler son entourage, son autorité n'a d'égale que l'âpreté de sa voix, de ses gestes et de ses grognements.

La voyant venir, comme tous les matins sans pluie, je me réfugie dans ma chambre avec Guimauve, ma chatte. Incognito, je décode ses sous-entendus, raille ses apitoiements et lui fais mille grimaces quand je l'entends aduler ma grande sœur et déplorer, du même souffle, que nous soyons si différentes. Elle, rondelette, en santé, mais surtout empressée à répondre à ses questions et à obtempérer à ses ordres. Moi, maladive, entêtée et muette comme une carpe. Craignant qu'elle ne retarde encore maman dans la préparation du dîner, j'ai attrapé à la sauvette deux biscuits au chocolat fourrés à la mousse vanille que je déguste lentement. Blottie à mes pieds, Guimauve happe au vol la moindre parcelle qui tombe. Je l'adore, ma chatte. C'est notre voisine qui me l'a donnée pour mes trois ans. Elle ne ressemble à aucun des autres chats des alentours. Un peu comme moi. Je crois que c'est pour cela que nous nous entendons si bien. De son œil bleu fuyant le vert, elle repère la moindre miette tombée sur le plancher, la glisse sur sa petite langue rose, prête à attraper la prochaine. Sa tête en boule de neige se hisse jusqu'à la main que je porte à ma bouche. Sa patte à six doigts me fait signe de lui en laisser encore un peu. Je consens.

Notre festin chocolaté n'est plus qu'un souvenir et ma grand-mère est toujours dans la cuisine. Heureusement, je sais comment provoquer son départ. Je n'ai qu'à taquiner ma chatte avec le bout de mes tresses. Guimauve adore ce jeu et moi aussi. Assise sur son derrière, une patte en crochet, elle ne rate aucun de mes zigzags et je sais qu'elle va me déjouer. Quand, enfin, rassasiée d'acrobaties, elle pique ses canines dans ma tresse, la mordille, l'enroule autour de sa patte et la rejette pour mieux la rattraper, elle me fait rire aux éclats, ma chatte. Et c'est mon rire qui fait fuir ma grand-mère. Comme si la voix du plaisir agressait son oreille. « Si elle est capable de rire et de chanter à pleine tête, elle est capable de parler. Une bonne fessée, c'est ça qu'il lui faudrait… », clame celle qui aimerait bien me l'administrer, cette fessée. Une fois de plus, maman a dû lui retourner une moue gentille. «Bon, je vais faire un bout. Ton père est sur le point d'avoir faim…»

Je n'attendais que ce moment où elle va s'attarder encore quelques minutes sur le perron pour filer par-derrière et sauter sur ma balançoire. Deux longs câbles jaunes noués à un chapiteau et passés dans les trous d'une planche que mon père a soigneusement polie me portent à l'ivresse. Des câbles si longs qu'au dixième élan mes orteils sont sur le point d'effleurer la dentelle bleu cendré qui borde le ciel. Devant moi, de l'autre côté de la route, buttes et vallons, en alternance, grimpent en rampant au sommet d'une forêt très éloignée que trois clochers sont parvenus à percer. Le monde s'arrêterait là qu'il me parle déjà de liberté et d'infini.

Le vent est tiède. Fidèle. Essentiel à mon euphorie. Complice, le vent d'été. Quand je m'approche de «la fin du monde», il s'amuse à tirer mes cheveux vers les champs de blé pour les lisser sur mon visage quand je pointe les orteils vers les clochers qui rutilent au soleil. Je m'abandonne à cette première ivresse, le temps de laisser monter en moi, jusque sur mes lèvres, tant de mélodies retenues en la présence de celle qui s'indigne de l'usage que je fais de ma voix. Un premier couplet la rejoint avant qu'elle se cloître derrière les murs de sa demeure située de l'autre côté de la route, en biais avec la nôtre. Elle se retourne pour s'assurer que ma grande sœur ne chante pas avec moi, hoche la tête et, de la main, me signifie son dépit. «Écoute-la donc encore! Quelle entêtée!» me semble-t-il l'entendre gronder.

Réservée au chant, ma voix se prête à une chanson dont les paroles ont une si belle sonorité que je crois en deviner le sens. Je rêve de l'interpréter comme papa, cette *Java bleue*. Lui aussi commence toujours « sa bourrée de chansons », comme dit maman, par celle-là. Avant même qu'il en ait prononcé les premiers mots, alors qu'il est à mouler la mandoline à son corps, son visage s'illumine. Les cordes ont frémi sous les premiers accords, le refrain est lancé, la maison vibre. Instants délicieux. Pour moi. Pour ma grande sœur. Pour ma mère, elle-même médusée par ce concert dont elle peut, sans trop d'erreurs, prédire le programme.

En imitant mon père, j'ai l'impression de m'approprier ce pouvoir de façonner l'univers à ma fantaisie, de lui imposer mon rythme, de traduire en mots d'amour les discours des adultes, d'insuffler à leurs soupirs d'impuissance un vibrant crescendo, à leurs sanglots étouffés, de tendres pianissimos. « Java », « ensorcelle », « nos corps se confondent », « chavirer les cœurs ». Ces mots, ma voix les lance plus haut que le toit de notre maison. Ils frôlent les nuages, vont rejoindre les clochers, percutent la cloison du monde et me reviennent. Chaque reprise du refrain ajoute à mon exaltation. Mon cœur, trop petit pour la contenir, me fait mal. Et pourtant, je ne peux m'arrêter. Je passe à une autre chanson, puis à une autre. Avec la même ferveur, je replie mes jambes sous la planche et les tends vers l'infini. À la quatrième chanson, mes pieds s'en approchent, à la cinquième, plus encore. Douce illusion. Vertige délectable.

La porte de la cuisine a claqué. Mon père est arrivé. L'ordre de ma mère de venir prendre place à table ne tardera pas. Je m'empresse alors d'entonner cette chanson dont je n'ai pas encore mémorisé toutes les paroles. Celle que mon père chante juste avant de ranger sa mandoline et qui, plus que toute autre, trouble ma mère. Serait-ce pour cela qu'il attend qu'elle ait terminé ses tâches et soit venue s'asseoir près de lui pour l'interpréter ? Ne serait-ce pas pour voiler son émoi qu'elle prend toujours son tricot et ne le quitte pas des yeux alors que son visage n'est plus qu'un large sourire attendri ? Ne sent-elle pas rivé sur elle le regard de mon père qui lui gazouille, comme on murmure un rendez-vous : « Viens, le soir descend, c'est l'heure charmeuse… » Je les imagine se glissant sous les couvertures, s'en couvrant la tête pour mieux protéger cet univers qu'ils meublent de mots d'amour, de gestes tendres et de secrets… L'heure charmeuse où leurs « corps se confondent » est venue. Instants féeriques qui font vibrer mon cœur et ma chair. Le vent tiède, le soleil généreux et la cloison du monde viennent, comme de généreux tisserands, me tisser un cocon. M'envelopper de suavité. Et je chante encore un peu. « Viens, tout est si doux, enivrons-nous d'amour. » Je m'arrête avant que maman m'y oblige. Je ne laisse personne user d'autorité sur ma voix. Je quitte alors ma balançoire pour aller me perdre, près du verger, dans ce champ aux herbes si hautes qu'on ne saurait m'y repérer. J'enlève mes souliers et dénoue les rubans de satin qui retenaient mes cheveux. Le vent les fait virevolter, attache une mèche à un épi de blé. Ils se « confondent ». Comme mes parents à l'heure charmeuse. Sous le souffle du vent, les tiges ondulent, se plaisant à imiter ma chevelure. Les cailloux, joyeux cabotins, me chatouillent le dessous des pieds. Un épi me frôle le cou, une sauterelle me donne son sirop. Mon allégresse a pris une odeur de fenaison. Au-dessus de ma tête, quelques cumulus se vautrent dans l'immensité toute bleue. Loin des regards inquisiteurs des adultes, je me fonds à cette oasis jusqu'à ce qu'une voix à ne pas défier, celle de ma mère, m'ordonne de rentrer.

*
* *

La nature s'est décolorée. Accoudée à la fenêtre de ma chambre, je scrute l'épais linceul noir. Les étoiles ne sont pas au rendez-vous. Pas une. La plus brillante, munie d'une épée, n'est même pas parvenue à le percer. J'attends une consolation. Ma chatte l'a senti. Elle grimpe sur le bord de la fenêtre, insiste pour que je lui fasse une place au creux de mon bras, à la portée de ma joue qu'elle lèche jusqu'à ma paupière. La pluie vient, avec sa musique sur le toit d'aluminium, charmer mon oreille. Aussitôt que ma sœur, qui refuse de se coucher, a cessé ses récriminations et que ma mère est entrée dans sa chambre, mon père vient ajouter à cette langoureuse symphonie. Les craquements réguliers de sa berçante sur le plancher de bois verni ponctuent le son lointain de la radio RCA Victor qu'il écoute tous les soirs avant d'aller au lit… pour l'heure charmeuse. Je quitte la fenêtre, glisse sous mes couvertures avec ma chatte, coince mon drap derrière la tête de mon lit, ne laissant pénétrer dans mon alcôve que la faible lueur de la veilleuse sur ma table de chevet. Pour moi aussi une heure charmeuse vient de sonner. Échappant à tous les regards, je recrée ma journée comme j'aurais aimé qu'elle fût. Au dîner, ma mère se serait montrée souriante et sereine, même si ma grand-mère l'avait retardée. Mon père aurait pris son repas sans hâte, s'attardant à jouer un peu avec nous. La tante qui ne m'aime pas et qui habite avec les grands-parents ne se serait pas pointée à l'heure du dessert pour emprunter un peu de laine. J'aurais été épargnée de son regard ironique qui s'est transformé en regard de velours en se posant sur les joues rondelettes de ma sœur. Parce qu'elle répond à ses taquineries, se tait sur commande, ma grande sœur s'attire nombre de privilèges : sorties en sa compagnie, chaussures, vêtements et chapeaux neufs. Non pas que je l'envie, car je n'aime pas plus cette tante que je n'aime ma grand-mère. Je ne comprends pas qu'elle ait gagné la préférence du frère de ma mère, l'oncle le plus gentil que je connaisse. Les quelques mots sarcastiques qu'elle m'adresse chaque fois que je n'ai pu fuir sa présence me font dédaigner toute faveur venant d'elle. Dans mon repaire secret, je me délecte à ajouter une dizaine de poils sur la vilaine verrue plantée sur son menton et à amplifier la courbe de son imposant fessier. Et, revanche suprême, elle ne parviendra jamais à s'emparer d'une seule miette de l'amour que je porte à ma grande sœur, à mes parents, à mon petit frère, à mon cousin préféré, à mes grands-parents paternels et à notre servante. J'adore ma grande sœur. En plus d'être belle, elle est enjouée, généreuse, et elle devine presque toujours mes pensées. Elle est en congé cet après-midi, et c'est pourquoi je suis en colère contre ma tante qui est venue me l'enlever alors qu'elle devait dessiner avec moi et me lire des histoires. Si je pouvais au moins me consoler de son départ en m'étourdissant de chansons… Maman me l'a interdit, le temps de la sieste que je refuse de faire. Les fenêtres étant ouvertes, je risque de la réveiller, ainsi que mon petit frère. Assise sur ma balançoire, la pointe des pieds dans le sol poussiéreux, je me berce en fredonnant deux phrases d'une chanson que j'aimerais connaître du premier au dernier mot. À lui seul, le refrain allume mille questions dans ma tête. «Filez, filez, ô mon navire, car le bonheur m'attend là-bas», chante souvent mon père, invitant ma mère à l'accompagner. Ma grande sœur m'a déjà montré, dans un livre d'histoire, à quoi ressemble un navire, cette grosse maison flottant sur l'eau, lancée à la rencontre du bonheur, que j'imagine. Mais personne n'a parlé devant moi de «là-bas». Où est-ce, «là-bas»? Ce ne peut être au creux de la terre. Peut-être est-ce près des clochers? Ou de l'autre côté des montagnes qui ceinturent le monde? Je tourne le dos à la maison pour observer le profil de ce pays lointain d'où viennent chaque été mes grands-tantes, plus jolies que toutes les dames des revues et des magazines. Des dames à la coiffure toujours impeccable, aux bijoux rutilants, aux chaussures si lustrées qu'aucune poussière ne pourrait s'y agripper. Leurs épaules n'ont pas fléchi sous le poids des travaux. Leur torse droit parle haut de leur aisance financière. J'en déduis qu'elles possèdent beaucoup de bonheur et que c'est pour ça qu'elles peuvent en laisser plusieurs morceaux à la maison avant de retourner «là-bas». Leurs malles débordent de vêtements chics et de cadeaux qu'elles sèment sur leur passage comme des gerbes de bonheur. J'en ai découvert l'éclat sur le visage de ma mère quand, après leur départ, se croyant seule au rez-de-chaussée, elle s'est placée devant le miroir de sa chambre et a posé sur sa tête un chapeau bleu chargé de fleurs de diverses couleurs. Son regard et son sourire exprimaient l'admiration et la tendresse qu'elle réserve presque toujours à mon petit frère. Je l'ai vue ensuite ouvrir avec d'infinies précautions un coffret à bijoux reçu en même temps que le chapeau. Un premier étage carrelé de velours rouge était plein de boucles d'oreilles scintillantes et, en dessous, des colliers et des bracelets tout aussi magnifiques. Ma mère les a sortis un à un, les a jumelés à des boucles d'oreilles et les a essayés avec un ravissement que j'aurais voulu éternel. J'ai déploré qu'elle les replace tous dans le coffret, son bonheur par-dessus. Elle a même verrouillé le coffre. Mais je sais où elle a rangé la petite clé dorée. Dans le premier tiroir de son bureau, à droite.

J'ai dû me résigner, cet après-midi, à attendre que mon petit frère se réveille pour voir réapparaître, sur le visage de ma mère, des traces de ce bonheur. Accourue la première au berceau, j'ai eu le temps de faire mes câlins à celui que ma mère appelle son «p'tit ange». Je lui ai ensuite cédé la place, heureuse de pouvoir enfin chanter. Dès que je touche les câbles jaunes de ma balançoire, que je sens le bois poli sous mes cuisses, mon univers se recrée. Un petit paradis à l'horizon dentelé qui m'offre, au gré du temps, une multitude de tableaux. En certains jours, d'une luminosité aveuglante, en d'autres, gris comme l'oubli. Jamais pareil. Toujours inaccessible. Ce théâtre me suffit pour jouer ma vie d'enfant dans toute sa plénitude. Je ne mendie rien. Faute d'avoir quelqu'un qui m'amène magasiner, je m'imagine dans une grande salle où des centaines de personnes viennent m'entendre chanter. Elles sont ravies par mon costume et ma longue chevelure bouclée, mais combien plus par la pureté d'une voix que rien n'a encore altérée. Elles se laissent emporter par cette voix, par la plainte du violon, par l'audace du piano, par les gémissements de la guitare. L'une a nommé les mots interdits, l'autre a vibré de leurs espoirs déçus, la guitare a rendu leurs sanglots étouffés. Le rideau tombe, retenant derrière lui toute blessure, tout chagrin, tout désespoir.

Lorsque ma sœur est revenue, j'aurais aimé trouver dans son sac une robe, un chapeau ou encore des souliers à user. Leurs rides auraient porté mon nom. Il n'y avait rien pour moi, sauf un paquet de gommes à mâcher que ma sœur a réussi à ne pas entamer malgré les incitations de notre tante. J'aurais voulu que cette dernière ne vienne pas, sitôt le souper terminé, mendier les adulations et les remerciements de toute la famille pour les cadeaux offerts à ma sœur. Que mes parents aient prévu une compensation pour moi. Mais, à bien y penser, je préfère qu'ils n'en aient rien fait. Il ne faut pas accorder à cette femme une importance qu'elle ne me reconnaît pas.

*
* *

Demain, ce sera dimanche, je le sais. La grosse jarre de fèves au lard a été mise au four avant le déjeuner. De plus, maman a revêtu sa robe verte aux rayures blanches. Dans ce déguisement de mauvais goût, elle ressemble à la chenille qui ne demande jamais la permission pour venir s'installer sur ma balançoire. Je la déteste, cette robe. Comme je déteste toutes les matinées du samedi. Elles me privent de ma grande sœur qui doit travailler avec ma mère jusqu'à ce que tout brille dans la maison. Jusqu'à l'angélus du midi. Heureusement, j'ai mon petit frère. Maman me charge de l'amuser quand il ne dort pas. Sur le lit de mes parents où je n'ai le droit de monter qu'en cette circonstance, je m'approprie son « p'tit ange », je respire le parfum de sa peau rosée, je le couvre de baisers sans m'en rassasier. Je prends plaisir à le voir suivre des yeux le hochet que je dérobe à sa vue, s'émerveiller et agiter ses jambes dodues aussitôt qu'il réapparaît. Rien qu'à rouler ma tête sur son ventre, à promener mes tresses sur ses joues, je le fais rire aux éclats, et nos voix se confondent. Une fois qu'il s'est endormi, je demeure près de lui, immobile, son petit corps soudé au mien. Pour ne pas que maman nous sépare, il m'arrive de faire semblant de dormir. J'aime surprendre les sourires et les froncements de sourcils qui se dessinent sur le visage de mon petit frère pendant son sommeil. Je m'amuse à imaginer à quoi il rêve et je m'apprête à lui porter secours si un cauchemar le faisait pleurer. Quand maman devine mon astuce, je dois m'arracher à ce bonheur fragile et contribuer à la corvée: «Va ranger ta chambre, ensuite tu viendras nous aider à équeuter les fraises.» Heureusement, ce n'est pas à moi qu'elle demande de faire une course chez les grands-parents, même si elle doit interdire à ma grande sœur de s'attarder ce matin-là. Entre l'époussetage des meubles du salon et la préparation des vêtements pour le lendemain, maman retourne à la huche, enfonce ses poings dans la pâte qui gémit, attrape les extrémités de cet amas docile pour les coincer au centre et les pétrir avec force, répétant à l'infini ces gestes que j'envie. Elle est tout essoufflée lorsqu'elle replace le couvercle sur la huche. Quelle surprise de voir, après un bon moment, que la pâte meurtrie a pris sa revanche. Le gros ballon allait soulever le couvercle et se sauver hors de la huche si maman n'arrivait à temps pour le pilonner jusqu'à le réduire à un gros biscuit auquel elle arrache des morceaux qu'elle façonne en boudins et place dans un moule. Alignés sur le comptoir, couverts d'un tissu blanc, ces moules dessinent une chaîne de vagues qui gonflent à déborder... Des vagues si fragiles, cependant, qu'un simple courant d'air peut les anéantir. Lorsque, en fin d'après-midi, elles auront doublé de volume, avec d'infinies précautions, maman les enfournera, non sans avoir pris soin de nous éloigner du poêle. Après le dîner, pris à la sauvette, ma mère astique la cuisine, s'acharnant plus particulièrement sur le poêle qui doit briller dans les moindres recoins. La maison d'une propreté impeccable, c'est ensuite notre tour de nous faire belles. Savonnées et pomponnées de la tête aux pieds, ma sœur et moi sommes prêtes à revêtir nos plus beaux habits de semaine. Robes légères, rubans dans les cheveux, chaussettes blanches et souliers vernis, nous reprenons notre liberté d'enfant. La mienne, hélas, est aussi fragile que la pâte à pain ; les visites de la parenté commencent souvent le samedi après-midi et ne se terminent que le dimanche soir. Comme nous habitons une grande maison entourée de champs à perte de vue, nous recevons beaucoup plus souvent que nous ne sommes reçus. L'un comme l'autre me déplaisent, à vrai dire, sauf la visite de mon cousin préféré qui habite la ville et que je n'ai le bonheur de rencontrer que quatre ou cinq fois par année. Les autres cousins et cousines de notre âge s'adonnent à des jeux qui ne m'intéressent pas et leurs parents ne ratent pas cette occasion de passer quelques remarques à ma mère sur ma nature chétive, et plus encore… « Elle est spéciale, ta deuxième », disent les plus polis. « Tu ne penses pas qu'elle a un problème ? » osent certains. « Qu'est-ce que tu vas faire avec elle ? » demandent les tantes qui trouvent en moi un dérivatif à leurs déboires. Mais, avec mon cousin préféré, tout est différent.

Ma sœur et moi courons vers nos balançoires, des mélodies plein la tête. À la deuxième chanson, l'appréhension me gagne. Une voiture bondée de marmots vient d'arriver chez les grands-parents. Je sais qu'en moins de deux couplets ils auront tous traversé chez nous. Je perdrai mon plaisir, ma grande sœur, mon petit frère et ma liberté. Ma voix se casse, puis s'éteint. Si, au moins, je retrouvais ma chatte, je me précipiterais avec elle dans ma chambre, en fermerais la porte derrière laquelle je pousserais le coffre de cèdre. Mais Guimauve n'apprécie pas plus ces visiteurs que moi. Je l'envie de pouvoir disparaître ainsi. J'essaie de l'attirer en secouant le plat de nourriture sèche, une ruse qui marche presque infailliblement. Ma gorge se serre; je devrai passer de belles heures ensoleillées recluse dans ma chambre, sans ma chatte, pour protéger le seul bien qu'il me reste, la paix. J'allais m'y résigner lorsqu'une voiture s'arrête devant chez nous. De cette voiture toute neuve que je ne reconnais pas descendent mon cousin préféré, ses parents et son grand frère. Sans prendre le temps d'aller saluer mon père et ma mère, mon cousin court vers moi, attrape ma main et m'entraîne derrière la corde de bois, près d'un buisson, où nous aimons tant nous réfugier. Des marguerites nous y attendent. Avec un sourire complice, nous en cueillons une et commençons à en tirer les pétales, chacun son tour pour voir qui méritera de s'asseoir sur la pierre polie. Les nuages roulent, coiffant tantôt la cime des montagnes, revenant ensuite au-dessus de nos têtes pour nous protéger de l'ardeur du soleil. Loin de tout regard indiscret, nous imposons le nôtre à l'écureuil qui, une noisette dans le bec, gambade sur la corde de bois vers un autre repaire secret. Un mulot sort à la sauvette et pique du nez dans un autre orifice. Ni l'un ni l'autre ne semblent importunés par nos éclats de rire. Notre suprématie acquise, nous nous allongeons sur le sol, toujours fascinés par cette vision de l'envers du monde. Il n'est de meilleure position pour observer le ventre dodu de l'abeille qui butine, ses pattes si agiles, la doublure de ses ailes. Au-dessus de nos têtes, les fleurs sauvages s'ouvrent vers le ciel comme une offrande. Ces premiers moments d'ivresse consommés, je juge opportun de montrer à mon cousin les surprises que je lui ménageais. Après chacune de ses visites, pour me consoler de son départ, je me lance à la recherche d'objets précieux que je cache parmi les rondins, pour notre prochaine rencontre. Cette fois, sans que maman me voie, j'ai pris dans un sac à main apporté par les grands-tantes venues de « là-bas » un petit miroir, l'ai enveloppé dans une de mes chaussettes et l'ai coincé dans une faille taillée à sa mesure. À peine plus grand qu'une carte à jouer, ce miroir est absolument magique. Il incline la cime des arbres jusqu'à nous, colle les nuages aux montagnes et fait éclater le soleil. Il met à nu les complots d'une araignée recluse dans une alcôve secrète au cœur de la corde de bois, dénonce la fourmi qui se hâtait d'aller cacher sa trouvaille. Ces deux petits êtres nous fascinent tant ils nous ressemblent. De notre monde féerique, nous écoutons avec délice une conversation chuchotée non loin de nous entre ma sœur et une cousine ; elles préparent un mauvais tour à la bande de cousins venus passer l'après-midi. À l'instant, nous devenons les témoins invisibles de leurs manigances. D'un doigt posé sur la bouche, je réclame de mon cousin qu'il ne bronche pas, qu'il s'abstienne de tout ce qui pourrait révéler notre présence. Témoins discrets de leurs ruses, nous avons peur, nous sursautons, nous savourons la victoire, tantôt des bons, tantôt des méchants. Et quand, hélas, retentit la voix de maman qui nous convie au souper, tous font la sourde oreille, et nous de même. Le ton impératif du deuxième appel vient interrompre leurs jeux et anéantir notre univers. Mon cousin et moi attendons toutefois que tous soient entrés dans la maison avant de sortir de notre cachette, riches de secrets. Les tantes aident maman à servir les enfants d'abord, après quoi les adultes pourront manger en paix. Autour de la table, le combat continue à mots couverts, tempéré par les mères qui, à tour de rôle, rappellent l'interdiction de se chamailler. Mon cousin et moi acquiesçons d'un sourire entendu au plaidoyer des uns et grimaçons aux mensonges des plus futés. Le repas terminé, nous ne quittons la salle à manger qu'après que ma tante a consenti à ce que mon cousin n'aille chez les grands-parents que pour le déjeuner du dimanche. Nous nous empressons alors de regagner notre abri près du buisson et nous y demeurons jusqu'à ce que les visiteurs soient repartis. Leur absence nous ramène à la maison. Un brin de toilette, un verre de lait au chocolat et quelques biscuits dégustés à la hâte, et nous montons à ma chambre. Les oreillers installés au pied du lit, nous glissons sous l'édredon, prêts à assister au fabuleux déploiement de la voûte étoilée. En attendant que le jour se retire, nous nous plongeons dans ce livre d'images que je garde sous mon matelas pour tromper ma solitude, certains soirs. Nous passons de longs moments à regarder cette page où trois petits enfants jouent dans les champs, entourés de gentils insectes plus gros que leurs mains et de marguerites à hauteur d'épaule. Leurs maisons sont toutes menues, coiffées de bonnets rouges, bleus ou verts, comme d'espiègles lutins. Leurs fenêtres les parent de petits yeux coquins. Les portes entrouvertes donnent sur un monde mystérieux, fascinant. Notre imagination ne s'en lasse pas. Nous ne refermons le livre qu'à l'apparition de dame la lune dans un coin de la fenêtre. Rares sont celles qui, comme cette dame, n'exigent rien, n'imposent rien, se contentant de se laisser admirer sans nous contredire, sans nous corriger du haut de leur fausse modestie. La seule autre que je connaisse est emprisonnée dans une bulle de verre, sur mon chiffonnier, et elle disparaît dans un nuage de confettis si j'ose la bouger. Par contre, à mesure que le noir s'étend dans ma chambre, elle se teinte d'un bleu cristallin, presque translucide. Comme si elle avait été mandatée pour prendre la relève du jour. J'en suis même à me demander si ce n'est pas la lune qui lui prête un peu d'elle-même. Je comprendrais alors que cet astre lumineux nous arrive parfois découpé. À cause de la gourmandise de cette bulle de verre.

Je surveille la « super étoile », celle qui se déplace sur une épée qui pointe vers mon lit dès qu'elle apparaît en haut de ma fenêtre. La voilà ! D'un coup de coude, j'en avertis mon cousin pour que nous la saluions ensemble. Comme il ne bronche pas, je prends sa main. Une main docile, si docile… Il s'est endormi. Accoudée sur mon oreiller, je m'enivre à souhait de tant de beauté. Une mèche de cheveux dessine une virgule sur le front de mon cousin. Je la lisse entre mes doigts. Rebelle, elle reprend sa forme. Ce garçon, d'un an mon aîné, a une bouche exquise ; ses lèvres pulpeuses tracent un joli cœur entre son menton dodu, ses joues à fossettes et son petit nez retroussé. Du bout de mon index, j'en suis le contour. Mon cousin grimace. J'approche ma bouche de la sienne. Nos lèvres s'effleurent. Une excitation semblable à celle que j'éprouve à l'heure charmeuse de mes parents monte en moi. Délectable, cette heure que chantait mon père et qu'il m'est donné de vivre. « Le soir descend », mes paupières s'alourdissent. Je m'allonge près de mon cousin et, ma joue collée à la sienne, je m'abandonne.

La matinée du dimanche ajoute à mes réserves de bonheur. Contrairement aux autres matins, mes parents s'attardent au lit. Leurs chuchotements ont des accents de quiétude et de tendresse. Un parfum d'amour glisse sous la porte close de leur chambre et monte jusqu'à la mienne. Je ferme les yeux pour mieux m'en laisser imprégner. Guimauve, couchée à ma tête, ronronne de contentement. Je demeure immobile, attendant qu'une odeur de menthe m'indique que mon père est en train de se raser dans la salle de bains. Je troque alors mon pyjama pour ma robe rouge aux dentelles généreuses que j'ai héritée de ma grande sœur. Mon cousin se réveille, presque honteux de se trouver encore au lit. J'aime ces moments où son regard mendie l'indulgence. Nous n'avons pas un instant à perdre. Je le tire du lit et nous dévalons l'escalier. Je tiens à être la première à surprendre mon père à son lever. Ce matin, il est particulièrement beau. Sa chemise blanche témoigne de l'habileté de maman au repassage comme à la couture. À cause de la présence de mon cousin, je suis dispensée de revêtir mon tablier pour le déjeuner. J'obtiens aussi que mon ami partage au moins ma tranche de pain doré avant de rejoindre ses parents chez ceux qui ne m'aiment pas.

Sitôt le déjeuner terminé, les cliquetis de la vaisselle sont noyés sous les accords de la mandoline. Avant le départ pour la messe dominicale, mon père aura le temps d'interpréter une douzaine de chansons. Dans cette atmosphère, ma sœur et moi acceptons mieux le supplice du fer à friser que notre mère nous impose les dimanches et les jours de sortie. Je ne souffre pas moins de devoir chausser des souliers d'un brun dégoûtant, zébrés de rides que d'épaisses couches de cire ont échoué à masquer. J'avais cru le moment enfin venu de leur faire mes adieux lorsque le petit bouton en forme de bleuet qui retient la courroie avait cédé. Hélas, après un trop court séjour chez le cordonnier, ils sont revenus ressemelés et affublés de boutons disparates. Comment faire pour que mes pieds deviennent plus longs que ceux de ma sœur ? Quoi manger de plus ? Peut-être devrais-je faire plus d'efforts pour boire du lait sans chocolat ? Je décide qu'au prochain repas j'adresserai un regard si implorant à ma mère lorsqu'elle m'ordonnera d'en boire au moins quelques gorgées qu'elle m'en expliquera toute l'importance. Si telle était la vertu de ce liquide fétide, je la laisserai en verser aux trois quarts de mon verre.

Pour quelques mois encore, à moins de grandir très vite, je dois me résigner à défiler dans l'allée centrale de l'église d'un pas que mes semelles trop rigides rendent disgracieux. J'envie ma sœur qui, sitôt assise sur un des premiers bancs d'en avant, celui de la famille, pose ses pieds sur l'agenouilloir pour admirer ses souliers à satiété. Avec des gestes aussi élégants que ses chaussures blanches, cent fois elle lisse sur ses genoux sa robe de coton gaufré offerte par sa marraine, la grand-mère qui ne m'aime pas. Le large ruban de satin bleu qui entoure sa taille est noué dans son dos, juste en dessous de ses cheveux ondulés. Qu'elle est belle, ma sœur ! Je comprends la parenté de ma mère de tant l'aduler. Ses yeux ont emprunté au ciel la couleur des jours heureux. Son teint est éclatant de santé. Contrairement au mien, son menton donne une rondeur de plus à son visage déjà potelé. Cette rondeur qui l'enveloppe jusqu'aux pieds a incité sa marraine à rassurer notre mère : « Elle est bien bâtie, celle-là. Faut dire que t'as assez d'une chétive », a-t-elle ajouté en pinçant fièrement les joues rosées de ma sœur.

Aux nombreux toussotements qui se répondent, je devine que l'église est pleine et que la cérémonie est sur le point de commencer. Pour la circonstance, les enfants, posés, silencieux et distingués jouent aux adultes. Avec leur chevelure lustrée et leurs habits du dimanche, les hommes font un pied de nez à la semaine qui les a éreintés. Un chapeau assorti sur leur coiffure soignée, le visage poudré et les lèvres empourprées, les femmes sont, à part quelques exceptions, belles, dignes et joviales. Même que la verrue de la tante qui ne m'aime pas est moins repoussante et que ma grand-mère porte mieux que les autres jours son harnachement noir. Serait-ce son chapeau à voilette qui me la rend plus sympathique ?

Dans ce lieu sacré, M. le curé parade dans un accoutrement unique, entouré de jeunes garçons en costume féminin. Quel mauvais goût que cette robe blanche, à mi-cuisse, par-dessus une tunique noire qui cache même leurs chaussures ! Je me sens honteuse à la pensée que mon petit frère puisse un jour se vêtir ainsi. Il n'y a pas seulement ces costumes qui me déplaisent. La gestuelle aussi m'apparaît bizarre, et le langage. Ne m'est familier que le signe de croix ; mes parents me l'ont enseigné. M. le curé et sa cohorte semblent se plaire à coller leurs mains croisées sur leur poitrine. Pas moi. Même quand je m'applique à les imiter à la perfection. Je ne comprends pas que ce prêtre puisse, avec une assurance déconcertante, trouver utile de faire des gestes auxquels les gens, le nez dans leur petit livre, ne prêtent pas attention. Le sens de ses propos semble aussi leur échapper. Sinon, comment expliquer qu'ils soient obligés de chercher la réplique dans ce même petit livre et qu'ils donnent tous la même réponse? Presque à l'unisson?

Le rôle le plus enviable dans cette cérémonie est réservé aux gens regroupés derrière nous dans cette galerie intérieure. Eux peuvent chanter et méritent, en plus, d'être accompagnés par un instrument qui émet des sons ronds comme ceux que fait Guimauve quand elle se vautre sur mon édredon. C'est une des sœurs de papa qui joue de cet instrument, un harmonium m'a-t-on dit. Un nom qui a la résonance des paroles de leurs chants. Nombreux sont les membres de la famille de mon père à faire partie de la chorale. Leurs voix et leur aptitude à parler cette langue toute en «oum», en «om» et en «ousse» les y autorisent. C'est là mon ravissement suprême. Parmi les voix de femmes, je reconnais aisément celle de ma grand-mère paternelle. Elle est à son image: cristalline, vibrante et chaleureuse.

Quand c'est papa qui est avec nous, j'en profite pour tourner la tête de temps en temps vers les chanteurs, ce que maman m'interdit. Ma grand-mère paternelle, qui est ma marraine, porte un chapeau blanc chargé de fleurs et une robe marine au col blanc. Contrairement à mon autre grand-mère, elle s'habille de couleurs et ses jupes cachent tout juste ses genoux. Son élégance s'apparente à celle des belles dames qui viennent de «là-bas». Elle ne m'offre pas souvent de cadeaux, mais je ne lui en veux pas. J'ai reçu d'elle le plus beau, un présent que personne ne peut m'enlever: elle m'a donné un peu du vibrato qui module sa voix, un peu aussi de cette facilité à rendre les notes les plus aiguës comme les très basses. J'aimerais, quand je serai grande, avoir sa grâce sans être obligée d'aller vivre « là-bas », comme elle qui en est revenue un jour pour ne plus repartir.

J'ai hâte de quitter l'église pour retourner à ma balançoire et m'exercer à chanter comme elle.

Lorsque tous ceux qui ont plus de sept ans vont s'agenouiller en avant et tirent leur langue, à tour de rôle, pour qu'y soit déposée cette pastille blanche, une hostie, m'a dit ma grande sœur, je devine que nous pourrons bientôt rentrer à la maison. À la sortie, mon père échange des nouvelles de la semaine avec ses amis. Ma sœur et moi en profitons pour zieuter les autres filles de notre âge, envier d'un battement de cils les vêtements de l'une ou esquisser une moue de mépris à la vue de ceux d'une autre. « Ça grandit, ces filles-là. Ça grandit ! » répètent comme des perroquets les femmes venues prendre des nouvelles de maman. Elles me déplaisent toutes avec leur complaisance affectée… De plus, elles retardent indûment notre retour à la maison.

Même si papa bavarde plus longtemps que maman, je préfère aller à l'église avec lui. Il nous surveille moins. Presque pas, même. Je peux regarder en arrière tant que je veux. J'en profite surtout lorsqu'il se laisse aller à somnoler pendant que, tourné vers nous, M. le curé s'est enfin décidé à parler notre langue. Par contre, quand c'est son tour de garder mon petit frère, il nous prépare un repas exceptionnel. Plein de surprises nous attendent. Parfois, il place devant notre couvert un de ces verres réservés aux invités et le remplit de lait au chocolat. Plus souvent, il s'est amusé à fabriquer un montage loufoque avec des légumes frais du jardin : un gros chou sur lequel il a placé deux tranches de tomates en guise d'yeux, une carotte pour le nez et une bouche en haricot. De quelques branches de céleri effilochées, il a fait une perruque à notre clown. Et, bonheur suprême, il nous sert une coupe de crème glacée nappée d'un coulis de chocolat et parée d'une fleur faite d'une cerise rouge aux pétales verts. Il lui arrive même d'implorer ma mère en notre nom pour que nous puissions nous asseoir à table avec nos robes du dimanche, prétextant que nous, «ses trois femmes», comme il dit, sommes ses invitées. Il va de soi que nous devons répondre avec grâce à ses minauderies. «Vous avez terminé votre potage, mademoiselle?», «Madame, vous prendriez du bon pain chaud?», «Que vous manque-t-il, mademoiselle? Laissez-moi l'honneur de vous servir.» Maman aussi se plaît à ce jeu, mais un peu moins que nous trois toutefois, souvent distraite par ses responsabilités. Je crains, à certains moments, qu'elle ne tente d'y mettre fin et je lui en voudrais de le faire. Notre petit frère, juste assez vieux pour se tenir assis dans une chaise haute, n'en est pas exclu. Papa tourne ses grognements et ses cris de joie en drôleries irrésistibles. Du coup, son fils chéri devient un joyeux cabotin. Pourquoi faut-il qu'à notre deuxième dessert, privilège du dimanche, un crépitement de cailloux vienne tout chambarder? «Vite, les p'tites filles. On aide votre mère à débarrasser la table...» Ceux qui arrivent avec leurs cinq marmots n'ont pas idée du déplaisir que nous cause leur empressement à nous envahir. Mon silence, la moue que j'affiche et ma réclusion leur en donnent un indice, mais ils ne semblent guère en être gênés. Comme je voudrais n'être pas plus grosse que Guimauve en ces moments-là! Devenir inaccessible. Grimper sur la plus haute branche d'un pommier et, de là, assister à tous leurs complots pour les mieux dénoncer. Je sais que maman n'apprécie pas la visite de cette famille, mais elle le cache, par complaisance. C'est la sœur de papa, la seule de ces sept visiteurs qui me soit sympathique. Je sais aussi qu'après leur départ mes parents feront le tour de la maison et des bâtiments pour constater les dégâts.

Je dois me résigner à monter seule dans ma chambre. Me tient compagnie mon livre d'images avec lequel je m'enferme dans mon alcôve de draps. Le sommeil m'emporte et me garde jusqu'au départ bruyant de ces indésirables visiteurs. Cette fois, ils se sont surpassés. Ils ont cassé le hochet de mon petit frère, semé sur le plancher de l'atelier la boîte de clous de mon père et, pis encore, réduit en mille miettes le petit miroir que je gardais caché dans la corde de bois. Le monde féerique auquel mon cousin et moi avions accès n'est plus. Je suis inconsolable. Mes parents à qui j'ouvre ma main remplie de ces ruines ne comprennent pas ma détresse. Je n'accepte de manger ma soupe qu'après que maman a promis de me trouver un autre miroir semblable. Le fera-t-elle avant la prochaine visite de mon cousin? Sera-t-il aussi magique que celui qui est tombé sous les pieds de ces monstres? À ce chagrin s'ajoute celui de voir ma grande sœur en punition pour ne pas être venue prévenir nos parents des mauvais coups de nos cousins. Si, comme tant d'autres fois, je m'étais réfugiée dans ma cachette, j'aurais sauvé mon miroir et épargné à ma sœur l'interdiction de jouer avec sa meilleure amie pendant trois jours. Témoin invisible de leurs manèges, il m'aurait suffi, pour les déjouer, d'aller vers mon père, de prendre sa main et de l'entraîner là où se tramait le complot. Pour dissiper mes remords, j'irai rejoindre ma sœur dans son lit, comme chaque fois qu'elle a du chagrin.

*
* *

Mon petit frère est malade.

Il n'est pas seul à dépérir. Les arbres dépouillés de leurs feuilles ont l'air efflanqué, les fleurs de la plate-bande jonchent le sol, affadies, décolorées. Seules quelques pommes oubliées pendent encore aux branches des pommiers. Il ne vient plus de chenilles sur ma balançoire et les épis de blé auxquels j'aime mêler mes cheveux ont été engrangés. Mon père a bien essayé de sauver de ce grand déclin tout ce qui sentait et goûtait bon, mais, dans la cave, les carottes ont déjà des rides et les paniers de concombres, échelonnés dans les marches de l'escalier, n'embaument plus la maison. Il n'y a que les grosses citrouilles, grimpées au grenier, qui résistent à la décadence. Le jour est si triste qu'il pleure souvent et va tôt au lit, où il pleure encore. Comme maman depuis que mon petit frère tousse et vomit sans arrêt. D'une quinte à l'autre, il risque de ne pouvoir reprendre son souffle. Maman s'affole. Exceptionnellement, j'apprécie que ma grand-mère et ma tante qui ne m'aiment pas viennent faire la lessive et préparer les repas pendant que maman berce son « p'tit ange ». Il a perdu son teint rosé et ses joues rondelettes. On n'entend presque plus ses pleurs. J'aimerais tant le caresser, le consoler. Maman ne veut pas. Elle a trop peur que nous attrapions sa maladie. Assises dans la cuisine, ma sœur et moi sommes condamnées au silence, obligées de nous satisfaire, pour nous occuper, de quelques feuilles de papier, de ciseaux et de crayons à colorier. « C'est un miracle si elle le sauve », a chuchoté grand-mère à l'oreille de ma tante, pendant que maman profitait d'une accalmie pour dormir. Je regarde ma sœur en grimaçant. « Grand-mère veut dire qu'il faut prier le petit Jésus pour que notre petit frère ne meure pas… » Je fronce les sourcils. « Il faudrait réciter plus souvent notre prière du soir. Viens avec moi. » Celles qui l'aiment lui donnent la permission de m'amener à sa chambre. Je m'en réjouis, heureuse d'échapper aux regards dédaigneux des deux femmes qui règnent sur notre maison depuis une dizaine de jours. À sa demande, je m'agenouille près de son lit, joint les mains et fixe le portrait du petit Jésus aux boucles blondes accroché au mur. Pour la première fois, je lui porte une réelle attention. J'ose croire que les supplications de ma sœur et le chagrin de maman lui font perdre cet air souriant et placide. Tous ceux qui souhaitent la guérison de mon petit frère s'agitent et ne sourient plus.

Notre voisine, celle que tout le monde aime et qui m'aime, est arrivée et discute avec les deux parentes dans la cuisine. Sur la pointe des pieds, ma sœur et moi allons nous asseoir dans l'escalier, sur la première marche d'en bas, pour mieux l'observer. Elle ébouillante des herbes qu'elle a apportées. L'eau verdit et exhale une odeur de champ de blé. En attendant que cette décoction dite miraculeuse refroidisse, elle prépare une mixture grisâtre dont elle enduit généreusement des bandes de coton blanc. J'ose m'approcher pour humer ces tartines étranges. Loin de me repousser comme l'auraient fait les deux autres femmes, elle m'accueille d'une main posée sur mon épaule, me montre le plat dans lequel reste encore plus de la moitié de la préparation et me dit : « Tu vas voir qu'avec ça il va guérir… » Sa gentillesse m'incite à sourire.

Maman vient de regagner sa berçante, sans dire un mot. Mon petit frère a recommencé à tousser, et elle est au bord des larmes. La boisson est tiède et les cataplasmes sont prêts. Notre bonne voisine s'approche de ma mère qui, sans la moindre réticence, lui tend son enfant. À voir l'air pantois et les hochements de tête des deux parentes, je devine qu'elles sont offusquées. L'occasion m'est enfin donnée de combler mon besoin de vengeance. Bien installée dans la berçante de maman, notre aimable voisine promène son pouce sur le front blafard de mon petit frère et lui murmure des mots doux comme sa voix, tendres comme ceux de maman. Sa poitrine faite pour réconforter les bébés contraste avec la petite taille de mon frère qui, pressé sur son cœur, se calme enfin. Elle commence à lui faire avaler la boisson verdâtre à laquelle elle a ajouté un peu de miel. « Ça me surprendrait qu'il en prenne plus que trois ou quatre gorgées sans vomir, dit grand-mère, ça fait deux jours qu'il ne garde rien... » La bonne dame fait fi de sa réflexion et incline le biberon pour que le liquide miraculeux coule doucement dans la gorge du petit malade. Des gouttelettes perlent sur son front. Des larmes coulent sur les joues de maman. Je pince les lèvres et bats des paupières à toute vitesse pour qu'on ne me voie pas pleurer. Plus personne ne parle. Maman, sa mère et la tante échangent un regard mystérieux. Ou il est mort, ou il dort enfin paisiblement. Je sens que ma sœur a le cœur gros. Le visage de la dame s'illumine. Je me frotte les yeux, croyant rêver. « C'est bien, mon p'tit homme. Tu me fais ça comme un ange », lui chuchote-t-elle. Elle lève les yeux vers nous. « Il respire déjà mieux. Il faut faire bouillir de l'eau jour et nuit dans la maison. » Je crains qu'elle ne nous quitte à ce moment. « Allez dormir un peu, je vais continuer à m'en occuper », offre-t-elle à maman. Grand-mère et ma tante hochent la tête et rentrent chez elles.

À l'invitation de notre gentille voisine, ma sœur et moi approchons nos chaises de la sienne. « On commence par une histoire de petite fille ou de petit garçon ? » demande-t-elle, devinant notre souhait. Ma grande sœur choisit : « De fille.

— Et toi, ma p'tite, ça te va ? »

Mon sourire retenu et mon haussement d'épaules lui inspirent un compromis : « Ce sera l'histoire d'un p'tit être qui est à la fois fille et garçon. »

Je suis ravie, même si j'étais disposée à accepter le choix de ma sœur. Il est si rare que nos goûts divergent. Ma sœur proteste : « Ça ne se peut pas !

— Ça fait deux ans que tu vas à l'école et on ne t'a jamais parlé des anges ? Ton p'tit frère en était un avant de naître. Ou presque.

— Il l'est encore. Maman l'appelle toujours comme ça.

— Elle a bien raison. »

Sa main caressante glisse sur son petit front et effleure ses paupières comme pour s'assurer qu'elles demeureront fermées encore un bon moment.

En guise de préambule, la bonne dame annonce à voix basse : « Le monde avait commencé à exister. Il n'était pas très avancé. Ni très joli. Comme une grande feuille à dessin sur laquelle il y a trop d'espaces vides. L'Ange suprême, assis devant ce morceau de papier grand comme le mur devant nous, réfléchissait. Lui vient tout à coup une idée… fabuleuse. Il allait créer des personnages presque aussi beaux que lui. À chacun il confierait la tâche de décorer le tableau. Avant d'entreprendre un travail aussi gigantesque, l'Ange va dormir un peu, car il faut être en pleine forme pour réussir un chef-d'œuvre. Il commence par appeler à la vie des dizaines de personnages. Des enfants. Des hommes. Des femmes. Il leur montre la toile, nullement surpris de leur froideur. Mais leur enthousiasme ne tarde pas à se manifester lorsqu'il leur fait part de son projet. Tous veulent se mettre au travail à l'instant même. L'Ange les arrête. "L'ordre est essentiel à la réussite. Il m'appartient d'indiquer à chacun l'objet à peindre et l'endroit qu'il doit occuper sur la grande fresque." Certains protestent. L'un aurait préféré peindre une fleur, l'autre, une étoile… "L'abeille en train de butiner une fleur, explique l'Ange, n'est pas moins essentielle à la beauté du tableau que le quartier de lune dans le ciel."

«Comprenant mieux et devenus de ce fait conciliants, les personnages frétillent, empressés de connaître leurs tâches respectives. L'Ange attendait ce consensus pour sortir de sa cachette une immense corbeille de fleurs. Les personnages se bousculent pour saisir la plus belle, la plus grosse. L'Ange les arrête. "Laissez-moi le plaisir de vous offrir celle qui vous convient." Il met un soin inouï à choisir chacune d'elles. Des fleurs de vertu. L'un reçoit la bonté, la respire à pleins poumons, la porte sur son cœur. Ainsi fait l'autre à qui est remise la sagesse et celui qui hérite de la joie… jusqu'à ce que la corbeille soit presque vide et que tous, sauf un enfant, aient reçu leur fleur. Des parfums flottent dans l'air, se croisent et embaument la pièce. L'Ange explique: "Votre dessin portera l'empreinte de votre fleur et de son parfum." Un personnage s'inquiète de celles, pourtant fort jolies, qui restent dans la corbeille. "Elles sont réservées à ceux qui vont venir compléter votre tâche."

Un murmure de mécontentement s'élève. "Mettez-vous au travail et vous allez comprendre." Plus les dessins se multiplient sur la toile, plus elle s'agrandit. Certains tentent alors de grossir leur croquis, d'autres iraient jusqu'à le doubler. "Interdit ! Sont essentiels l'équilibre de l'œuvre et la perfection avec laquelle vous accomplissez la tâche que je vous ai confiée." Près des personnages au visage tendu et à la main crispée sur le tableau se tient un enfant. L'Ange, qui semblait l'avoir oublié, retire de la corbeille la plus belle fleur et la lui tend. L'enfant la colle à ses narines, s'imprègne de son parfum et… commence à chanter. Tous les visages s'illuminent, les mains se détendent et les dessins s'embellissent. Ce fut leur sublime récompense. »

Le regard de notre voisine s'attarde sur moi. Elle a raconté toute cette histoire pour moi. Je dois lui signifier que j'en suis consciente. Je ferme les yeux pour mieux m'approprier ce conte, mon conte. Émerveillée, attendrie, je voudrais l'embrasser ou lui faire un gros câlin, mais je reste immobile, prisonnière de ma timidité. Je n'arrive pas à croire que celle qui habite juste en face de chez nous aime m'entendre chanter ! Elle m'y encourage, même. C'est la première fois qu'une autre personne que ma sœur me fait un tel compliment. Justement, elle m'observe. Je le sens. Tant d'attention, pour moi seule. À la fois enivrant et insoutenable tout ce silence autour de moi. À cause de moi.

Je quitte ma chaise et me place derrière la berçante. Je la mets en mouvement, tout doucement. Comme le murmure de la mélodie qui glisse sur mes lèvres. Sans paroles. Mon petit frère, qui dort paisiblement, l'a entendue chaque fois que, à la demande de maman, j'ai balancé son berceau pour l'endormir. La voix de ma sœur s'ajoute à la mienne. Soudain, inquiète, elle dit : « Vous êtes sûre que mon petit frère ne mourra pas ?

— Il a décidé de rester avec nous.

— Je n'aurais tellement pas voulu qu'on l'envoie dans un gros trou comme on a fait pour… »

Voyant ma sœur sur le point de pleurer, je retourne vite à ma chaise.

« Écoutez-moi bien, les filles. Il ne faut pas croire qu'il serait resté là, votre p'tit frère. Il n'aurait que fait semblant… Juste le temps que les grandes personnes très sérieuses l'y installent. »

Mon regard interrogateur la supplie d'expliquer.

« Il aurait laissé son petit corps là parce qu'un autre plus beau l'attendait. Un corps qui n'a jamais de fièvre, qui ne ride jamais, qui ne souffre jamais.

— C'est vrai, ça ?

— Je l'ai appris de personnes très spéciales. Votre p'tit frère aurait abandonné son corps comme on débarrasse un cadeau de son emballage.

— Mais où serait-il allé ?

— Léger comme une plume, il serait parti en volant vers un grand pays où d'autres êtres qui lui ressemblent l'auraient accueilli. Ils lui auraient fait une grande fête avant de lui donner un rôle.

— Un dessin à faire sur le grand tableau ?

— Tu as bien compris, ma belle. »

J'aime les questions que pose ma sœur. Une fois de plus, elle a deviné…

Guimauve quitte le grand fauteuil de velours et vient se frotter sur mes jambes, soyeuse et souple comme la pâte à pain dont maman fait parfois de belles tresses. J'aime les frissons qu'elle fait courir sur tout mon corps.

« C'est ce grand pays qu'on appelle ciel, ou paradis ? demande ma sœur.

— Ce n'est pas important, le nom. Il faut surtout savoir qu'il n'y a jamais de querelles, ni de paroles blessantes, ni de jalousies dans ce lieu. Rien qui fasse de la peine. Chacun accomplit sa tâche dans l'amour et la joie. Et les paysages sont si beaux ! Et la musique, si belle ! »

Notre voisine s'est tue. Trop émue, je crois. Son regard nous a quittées. Ma sœur est intriguée. « Vous y êtes déjà allée ?

— Quelques instants. »

Elle me donne envie d'en faire autant. Tout de suite. Mais pas sans ma famille, sans mon cousin préféré, sans ma chatte. Mais comment y arriver tous ensemble ?

« J'y suis allée juste assez, reprend la bonne dame, pour savoir quel heureux sort nous attend après notre mort.

— On peut mourir, puis revenir ?

— À la condition de ne pas s'attarder quand on est invité à faire une petite visite là-bas. »

Elle a bien dit « là-bas » ! C'est sûrement là « où le bonheur m'attend », comme dit la nouvelle chanson de papa. Serait-ce aussi le lieu qu'habitent les grands-tantes très jolies ? Non, je me trompe. Leurs corps ne sont pas transparents et l'une d'elles dit souffrir parfois de terribles maux de tête. Mais comment faire pour y aller ? que je me demande avant que ma sœur pose la question. « Vous vous rappelez le bel Ange qui distribue des fleurs et des tâches à faire ? C'est lui qui invite.

— Vous êtes chanceuse, vous !

— Très chanceuse. Mais il y a un prix à payer pour avoir droit à ce privilège. »

J'ai peur de ce qu'elle va nous apprendre.

« On tremble beaucoup et on a très mal avant d'arriver "là-bas". Comme si notre corps allait se déchirer. Puis, il faut traverser un long corridor noir et très froid... où l'on se sent terriblement seul. On a peur de se perdre et de ne jamais en revenir. »

Elle pose son regard sur notre petit frère endormi, caresse son visage, dépose un long baiser sur son front. Son geste m'inquiète. Serait-ce qu'elle veut le préparer aux souffrances qui l'attendent ? L'Ange l'aurait-il choisi, déjà ? Pour une courte visite ou pour toujours ? Mon cœur se serre.

« Mais on ne le regrette pas. Ce qu'on y a vu est si merveilleux qu'on ne peut l'oublier. Pas une journée ne passe sans qu'on y repense. Cette visite nous donne le goût de vivre comme si on y était déjà. Comme ceux qui y sont pour très, très longtemps. »

Elle a cessé de se bercer. Son visage est radieux. Il s'en faut de peu pour que je puisse voir dans ses yeux le spectacle qu'elle se remémore. Je me sens prête à avoir mal et peur tant ce « là-bas » semble désirable.

« Quand on a de la peine ou qu'on s'ennuie de ceux qu'on a perdus, on repense à ce beau voyage...

– Vous avez perdu quelqu'un ?

– Une petite fille de trois ans, puis ma meilleure amie. »

Une larme furtive coule sur sa joue.

« Elle jouait dans la cuisine et elle s'est étouffée avec un noyau de pêche. Ni son père ni moi n'avons pu la secourir. J'ai gardé une mèche de ses cheveux... »

Des sanglots secouent ses épaules. Elle ferme les yeux. Nous pleurons. Je m'approche d'elle, pose ma main sur son épaule et la caresse doucement. Ma sœur suit mon exemple. Nous voilà tous les quatre ficelés par la douleur. Une douleur qui, étrangement, porte son baume. J'aimerais m'y engloutir pour toujours tant, auprès de cette femme, je sens l'impossible à ma portée. Je cherche à comprendre cette sensation. Notre voisine n'a rien de comparable avec toutes les femmes qui gravitent autour de moi. J'en conclus que ceux qui ont fait un voyage «là-bas» en reviennent transformés. Si mon petit frère y est invité, ça fera de lui un être merveilleux qui me comprendra autant que notre voisine. C'est donc auprès de lui que je pourrai me consoler des longues absences de mon cousin préféré. De celles de mon père, aussi. Il me fera oublier les paroles blessantes que m'attirent mes silences. Il aura appris, tout comme notre voisine, le langage du regard et des gestes. Je reviens près de mon petit frère et j'effleure sa poitrine juste au moment où y passent de gros soupirs. Comme s'il avait beaucoup pleuré. Je tremble de nouveau.

«C'est bon signe. Son mal commence à sortir.»

Rassurées, nous reprenons nos chaises, avides d'entendre parler maintenant de sa meilleure amie.

«Elle a laissé trois enfants orphelins : deux garçons, l'un de cinq ans et l'autre de trois ans, puis la petite fille qu'elle venait de mettre au monde.»

Un silence s'installe. Malgré notre inconfort, ma sœur et moi le respectons. Puis elle poursuit :

«Nous étions amies depuis toujours. Comme deux sœurs.»

Elle s'arrête, nous enveloppe d'un regard d'admiration, peut-être même d'envie. Je sais à ce moment qu'elle a découvert notre complicité. Qu'elle nous aime sincèrement. Un coup d'œil entendu, un sourire généreux lui témoignent notre affection.

« Je lui racontais tout. Elle aussi. Nous pouvions compter l'une sur l'autre, la nuit comme le jour. Nos maisons étaient voisines. Nous étions toujours deux à fêter la première dent, le premier mot, le premier pas d'un de nos enfants. Ses petits étaient les miens et elle traitait les miens comme si elle avait été leur mère. Contrairement à bien d'autres femmes, les hivers ne nous semblaient jamais longs. Nous avions tant de couvertures à tisser, de chandails à tricoter et de vêtements à coudre. Elle venait chez moi ou j'allais chez elle. C'était merveilleux de vivre entourées de tous ces petits bouts de femmes et d'hommes. Quand elle a su qu'elle aurait un autre bébé, elle était folle de joie. Elle espérait une fille, mais disait qu'elle ne serait pas déçue si un troisième garçon arrivait tant elle trouvait ses deux petits hommes adorables. Tout le temps qu'elle a porté cet enfant, elle était resplendissante. Si belle! Si heureuse que je me surprenais à avoir peur…

– Peur de quoi? »

Moi aussi je m'étonne de cette réaction chez une femme aussi sereine que notre voisine.

« J'avais l'impression que l'Ange lui faisait un grand cadeau avant de l'emmener dans son monde. Elle ressemblait déjà à ceux qui y vivent. »

À mon tour d'avoir peur. Notre voisine ne ressemble-t-elle pas à ceux de « là-bas »? Elle pourrait mourir bientôt. Ne vient-elle pas de guérir mon petit frère? N'est-elle pas la seule à y être parvenue? Je voudrais, pour toujours, graver son visage dans ma mémoire. Le frôler et m'envelopper le cœur du velouté de sa peau. Comment effleurer son bras? Je trouve invitante cette main sillonnée de mille pages d'histoire. À son annulaire droit, elle porte une bague sertie d'un diamant… qui vient de pivoter vers l'intérieur de sa main. Retenant mon souffle, je glisse mes doigts pour le replacer. Sa main se referme sur la mienne. Chaude. Enveloppante. Elle la porte au creux de sa poitrine. Ivresse. Trouble. Impétueuse, cette vague de tendresse a raison de mes résistances. Je cède. La tête nichée dans le cou de la bonne dame, je savoure cette tendresse. La laisse glisser sur mon cœur comme une chaude pluie d'été. Sans heurt. Sans bruit. La main qui caresse mon dos m'invite à m'abandonner. C'est l'été dans mon âme. Les cheveux de notre voisine dégagent un parfum de pommier en fleur. Je m'en abreuve avant de me retirer doucement, lui permettant ainsi de poursuivre son récit.

« Les trois jours qui ont été accordés à la maman après la naissance de sa fille lui ont permis de laisser sur son petit corps les empreintes de son amour. Jamais cette enfant n'a eu froid dans son cœur. »

La voix tremblante, ma grande sœur avoue : « Moi, je pleurerais tout le temps s'il fallait que ma maman soit morte.

— Pas si elle t'avait donné son amour avant de partir. »

Ma sœur hoche la tête, sceptique. Mais moi, je comprends. Je sais que c'est possible.

« As-tu l'impression qu'elle est malheureuse, ma petite dernière ? »

Plus un mot. Que des regards abasourdis. La meilleure amie de ma sœur est donc cette fillette qui possède pour elle seule tout l'amour d'une mère en plus d'être chérie par cette femme merveilleuse qu'on a toujours prise pour sa vraie maman ! Ma grande sœur se dit toutefois très attristée pour son amie.

« Mais pourquoi ?

— Elle n'a jamais vu sa vraie maman…

— Et pourtant le mot qu'elle n'a cessé, comme toi, de répéter depuis qu'elle sait parler, c'est maman. Aussi, elle persiste à dire que mes enfants sont ses frères et ses sœurs. D'ailleurs, elle n'aime pas que je lui raconte sa naissance. »

Rassurée, ma sœur veut maintenant savoir si notre voisine s'ennuie encore de sa meilleure amie.

« Nous ne sommes séparées qu'en apparence. Je dirais que, d'une certaine façon, elle est même plus près de moi qu'avant… »

Nous fronçons les sourcils.

« Avec son corps transparent et léger comme l'air, elle peut venir me voir tant qu'elle veut. Puis, je n'ai pas besoin de lui expliquer ce que je ressens, elle le devine toute seule. »

Je l'envie.

« Je n'ai qu'à penser à elle pour qu'elle s'approche…

— Vous la voyez ? !

— Je la sens. Comme le vent. Je peux jurer de sa présence, et pourtant, je ne la vois pas. »

Je me surprends à souhaiter que mon cousin préféré meure. Je m'ennuie tellement de lui, par moments. Surtout l'hiver. Il ne vient qu'une fois quand le froid est arrivé et nous trouvons difficilement un endroit pour nous isoler. À Noël et au jour de l'An, toute la parenté s'amène. Je crois qu'il viendra bientôt, il a commencé à neiger.

Ce début de réconfort est vite balayé par une appréhension horrible, l'idée soudaine que les deux parentes qui ne m'aiment pas soient encore plus envahissantes après leur mort. Comment les oublier totalement ? Mais, à bien y penser, je me dis qu'elles ressemblent si peu à notre voisine et à son amie décédée qu'elles ne sont pas près d'être invitées par l'Ange. Par contre, ma grand-mère paternelle risque d'être bientôt appelée. Elle est si belle! Si gentille! Je regrette de ne pas la voir plus souvent. Mon parrain et ma marraine ne viennent presque jamais chez nous et, chaque fois que nous allons les visiter, mon grand-père, enchanté de nous voir, s'empresse de nous entraîner, ma sœur et moi, dans la cour pour jouer avec nous. Il ne nous ramène auprès de son épouse qu'à l'heure du repas, après quoi nous repartons. Assise à la table, je savoure chaque instant de la présence de ma marraine. Personne ne saurait me distraire d'elle. Ses gestes sont toujours gracieux. Le bleu de ses yeux ne fait que mieux ressortir l'éclat de ses cheveux de neige. Sur la table, assiettes et tasses sont bordées de couverts d'argent. Les grands plateaux qui contiennent des plats exquis sont vite dégarnis. Du début à la fin du repas, tout n'est que beauté. Je suis si absorbée dans mes pensées que je sursaute lorsque notre voisine recommence à parler.

« Chaque soir, avant que sa fille s'endorme, je lui demande de veiller sur elle. Souvent, nous lui parlons comme si nous la voyions de nos yeux. C'est comme ça qu'elles restent toujours en contact. Quand viendra son tour d'être invitée par l'Ange, sa mère sera la première à l'accueillir. »

Ma grande sœur est triste à l'idée de perdre sa meilleure amie. Aussi s'empresse-t-elle de raconter comment, à l'école, cette fillette, la plus forte de leur groupe, se débarrasse des petits garçons espiègles. De dire combien elle impressionne les autres écolières au moment de réciter les leçons. À quel point elle est enviée d'avoir des parents qui l'habillent si bien. Je l'écoute avec autant d'intérêt que notre voisine. Je veux apprendre comment faire quand j'irai à l'école. Je ne suis pas sans savoir que mes parents s'inquiètent pour ce jour-là. « Qu'est-ce que tu vas faire si elle ne parle pas ? » demandent certaines personnes lorsqu'elles croient que je ne les entends pas. « On trouvera bien une solution d'ici ce temps-là », leur répond maman. Plusieurs, à l'instar de la grand-mère grognon, lui conseillent de consulter un médecin plus savant que celui de notre patelin. Chaque fois que le sujet est abordé en sa présence, papa réplique : « C'est la seule créature que je connais qui ne perd pas son temps en jacasseries. Aussi bien en profiter... Elle se reprendra bien assez vite. »

Mon petit frère vient d'entrouvrir les yeux.

« Bonjour mon p'tit homme. Tu t'es bien reposé, dis donc. »

Toutes trois penchées sur lui, nous sommes gratifiées de ce sourire dont il nous privait depuis des jours. Nous n'avons pas à réveiller maman pour qu'elle apparaisse aussitôt. « J'en étais sûre. Je viens de faire un si beau rêve... », dit-elle, tout aimante dans le ton de sa voix, dans ses gestes, et son être tendu vers son fils.

Les rêves. Je n'ai jamais su quoi en penser. Surtout de ceux dans lesquels apparaît mon cousin préféré. Dans le dernier, je volais avec lui au-dessus d'un grand lac. C'était enivrant, jusqu'au moment où un gros oiseau noir au bec long et effilé s'est lancé à notre poursuite. J'ai crié si fort que j'ai réveillé mes parents. Papa est venu dans ma chambre. « Calme-toi, ma pitchounette. Ça doit être ton souper qui passe mal... Qu'est-ce qu'on a mangé ce soir ? Ah oui ! du poulet. Pourtant, ce n'est pas difficile à digérer. À moins que tu nous prépares une autre… Pas la coqueluche, au moins ! » Sa main posée sur mon front m'a chaviré le cœur. Comment la garder là ? Le temps au moins de comprendre que je n'étais pas retombée dans un autre rêve ? Mon père pour moi seule ! Assis sur le bord de mon lit, il me grisait de ses grands yeux verts soudés aux miens. Son sourire exprimait plus d'amour que tout ce que j'avais vu et entendu depuis ma naissance. Le baiser qu'il a déposé sur ma joue a été aussi merveilleux que les mots qu'il m'a susurrés : « Tu es mon p'tit trésor. » Avant de me quitter, il a pris soin de glisser Guimauve dans mes bras et de remonter les couvertures sur mes épaules.

Trop bellement réconfortée, trop tôt abandonnée. Rêves endormis ou rêves éveillés, les uns et les autres nous visitent et nous habitent sans notre permission, semant sur leur passage pépites de bonheur et gouttelettes de chagrin. En quoi celui que maman vient de faire est-il différent des miens ? Notre voisine ne semble nullement surprise. « Il est allé te rejoindre dans ton sommeil, ton p'tit ange. C'est leur moment préféré… »

Mon cousin vient donc me visiter quand je dors ! Mais si maman a été avertie du mieux-être de son bébé par le rêve, de quoi vient m'avertir le gros oiseau méchant ? Si je suis rassurée au sujet de mon petit frère, je suis effrayée pour mon cousin. J'ai peur qu'il ne soit dévoré comme notre poulette rousse quand un renard est passé près du poulailler. Si notre voisine pouvait le prendre sur ses genoux, mon cousin, peut-être éloignerait-elle de lui la maladie et les animaux voraces. Je dois trouver un prétexte pour l'emmener chez elle à sa prochaine visite. Pourvu qu'il ne meure pas avant.

*
* *

Ma grande sœur est arrivée de l'école en pleurant. « Je n'y vais plus jamais. Je la déteste, cette femme-là. Elle est toujours sur mon dos. »

Maman va au-devant d'elle et l'aide à retirer son manteau et ses bottes.

« Calme-toi, puis raconte ce qui est arrivé.

— Je ne me souvenais plus de mes multiplications par sept. Elle m'a demandé les plus difficiles, maman. Je ne suis pas capable de retenir sept fois sept, sept fois neuf et sept fois douze.

— Je le sais.

— Ça m'a tellement énervée que j'ai même oublié sept fois trois.

— Puis?

— Elle m'a fait venir devant la classe et elle a demandé aux autres élèves de réciter les multiplications. Tous riaient de moi. Elle me forçait à répéter après eux. À part ma meilleure amie, tous se moquaient de moi. À la récréation, tout le monde s'est mis à danser autour de moi en chantonnant les multiplications par sept et la maîtresse les a laissés faire. Quand on est retournés en classe, elle a dit : "As-tu eu assez honte pour les apprendre, tes leçons, à l'avenir, ou est-ce qu'on va être obligés de recommencer ?" »

Ma sœur s'est remise à pleurer… et moi aussi. Ses larmes sont des larmes de colère, les miennes, de compassion. C'est la première fois que j'ai hâte d'aller à l'école. Pour aller défendre ma sœur. Pour apprendre les leçons avec elle. Pour lui écrire les réponses en cachette. Jamais plus personne ne la fera pleurer.

Maman lui promet d'aller rencontrer l'enseignante, le lendemain matin. Je suis réconfortée, juste le temps d'apprendre qu'elle demandera à l'une des deux femmes qui ne m'aiment pas de venir s'occuper de nous en son absence. Pourquoi ne s'adresse-t-elle jamais à notre voisine pour ce genre de service ? Peut-être viendrait-elle même si personne n'est malade ?

Lorsque notre père rentre pour souper, maman l'informe de l'événement et le prie d'aller chez les grands-parents réserver une gardienne pour le lendemain.

« Ce n'est pas nécessaire. Maintenant que notre p'tit homme va bien, je vais m'en occuper, des jeunes, moi. »

Je jubile. Je constate vite, cependant, que je suis seule à me réjouir. J'avais, pour un instant, oublié le chagrin de ma sœur.

Les mots se font rares pendant ce repas. Papa est visiblement contrarié de ce qui est arrivé à sa fille aînée. « J'ai horreur de l'humiliation, dit-il à notre mère. Ce n'est pas en faisant honte à nos enfants qu'on va les faire grandir. J'aime mieux que ce soit toi qui ailles, parce que je ne serais pas tendre envers cette femme qu'on paie pour faire de nos garçons et de nos filles des citoyens qui se tiennent debout. Pas des rampants. »

Son assiette à moitié vidée, il quitte la table, sort en claquant la porte et ne revient qu'une fois que mon petit frère est au lit pour la nuit.

Deux mots martèlent mon esprit : « honte » et « grandir ». La honte empêche de grandir, c'est bien ce que j'ai compris. C'est donc la faute aux deux femmes qui m'ont à l'œil et qui me méprisent si je suis condamnée à porter les vêtements et les chaussures de ma sœur. Je serais tentée de prier l'Ange de venir les chercher si je n'avais pas appris que la mort ne m'en libérerait pas nécessairement. C'est elles et non mon cousin préféré qui devraient habiter loin d'ici.

De ma chambre, ce soir-là, j'entends pleurer ma sœur. Ma chatte sous le bras, je vais, sur la pointe des pieds, la rejoindre dans son lit. Elle s'empresse de me faire une place sous les couvertures. J'essuie ses joues de ma manche de pyjama, elle me tend les bras. Toujours discrète en de telles circonstances, Guimauve se réfugie au pied du lit.

Je caresse le dos de ma sœur pendant qu'elle me chuchote ses projets de fugue, de fuite dans la maladie et autres subterfuges : « Je ne veux plus aller à l'école et je ne veux pas que tu y ailles, toi non plus. Je sais ce que je vais faire. Demain matin, avant que maman se lève, je vais aller tout raconter à grand-mère. Elle va la chasser de l'école, cette grosse femme boiteuse. » Je la crois. Elle en est capable, cette grand-mère. Qu'elle se porte au secours de ma sœur me la rend un brin sympathique. C'est sa marraine, après tout.

Réconfortée, ma sœur s'endort. J'hésite à retirer mon bras de sous son cou. S'il fallait que je la réveille et qu'elle se remette à pleurer... J'attends qu'elle ronfle, plus fort encore. Enfin, je crois le moment venu d'aller retrouver Guimauve qui a déserté le pied du lit depuis un bon moment. Je soulève mon index, les autres doigts, retire ma main, elle ne bronche pas. Je commence à rouler doucement vers le bord du lit. Un ressort se lamente. Je m'arrête un instant et je reprends ma roulade. Cette fois, c'est ma sœur qui gémit. La veilleuse éclaire son visage ; ses paupières sont demeurées closes, mais elle grimace. Elle rêve. C'est sûrement la grosse boiteuse qui se permet de la déranger dans son sommeil. Je me porte, comme promis, à sa défense. Je la secoue, la secoue encore et me voilà brusquement projetée hors du lit. « Excuse-moi. Je pensais que c'était la maîtresse qui voulait encore m'emmener devant la classe. » Je m'allonge de nouveau à ses côtés. Je ne suis pas sûre qu'elle dorme profondément, mais je dois me lever. Mes parents discutent au salon et je sais qu'ils parlent de l'enseignante. J'avance jusqu'à l'escalier. Le plancher craque. Je m'arrête là, m'assois sur la marche du haut avec une infinie précaution. Guimauve vient s'installer sur mes genoux et entreprend de me laver le cou, la figure, les oreilles. Je tais difficilement les rires que provoquent ses chatouillements. Surtout sur les oreilles. Je glisse sur les fesses jusqu'au milieu de l'escalier. J'entends bien papa.

« Je me demande comment tu devrais l'aborder. C'est délicat. Il faut penser à sa sœur qui doit entrer à l'école l'automne prochain. Imagine ce qui l'attend s'il faut que la maîtresse nous prenne en grippe.

— J'aime mieux ne pas y penser… On ne devrait pas trop attendre pour la faire voir par un spécialiste. Je suis loin d'être sûre qu'elle sera capable de suivre les autres élèves.

— Qui t'a mis ça dans la tête?

— Tu vois bien qu'elle ne va vers personne d'autre que son cousin…

— Ça prouve qu'elle est capable de le faire.

— Qui nous dit qu'elle lui parle?

— Moi, je pense que oui. Si ça peut te rassurer, je vais m'organiser pour m'approcher de leur cachette la prochaine fois qu'il va venir.

– Puis ? Si elle ne parle pas, qu'est-ce qu'on fait ? »

Je n'entends plus que le craquement du plancher sous le va-et-vient de leurs berçantes. Il me semble voir mon père pincer les lèvres, fixer ses genoux et relever son sourcil droit vers le ciel.

« Un spécialiste en quoi ? demande-t-il.

– Je ne sais pas, mais le personnel de l'hôpital devrait être en mesure de nous conseiller.

– Moi, je persiste à dire qu'elle n'est pas malade, notre fille. Elle est juste différente.

– Y a des différences qui causent des problèmes, à un certain âge…

– Bon. On pourrait peut-être prendre un rendez-vous à l'hôpital, le printemps prochain. Pour revenir à ta rencontre avec la maîtresse… »

Je suis catastrophée. Leur discussion ne m'intéresse plus. Je retourne à ma chambre, oubliant de ne pas faire de bruit. Je bute contre un soulier et trébuche jusqu'à mon lit, pressée de m'y enfouir avec ma chatte. Ils m'ont entendue. Papa monte. Je fais la morte. Mais comme Guimauve se cherche une place confortable sous mes couvertures, il devine tout…

« T'as soif ? »

Il n'attend pas ma réponse. Quand il revient avec un verre d'eau, je m'efforce d'en prendre quelques gorgées.

« T'avais pas si soif que ça ! Dépêche-toi de dormir maintenant. »

Il dépose le verre sur ma table de nuit, s'apprête à me quitter sans plus. Ma détresse éclate et le fait revenir sur ses pas. Il m'embrasse sur le front, remonte mes couvertures autour de mon cou. Pas un mot. Ce soir, je ne suis plus son « p'tit trésor ». Les sanglots qui me triturent la poitrine passent dans ma gorge avec la fougue d'un torrent. Papa me prend dans ses bras et me descend au salon. Maman touche mon front. « Qu'est-ce qu'elle a, encore ?

— Elle ne dormait pas, tantôt…

— Que la vie est compliquée, par moments !

— Va te reposer. Il faut que tu aies l'esprit alerte demain.

— Pauvres enfants… »

La lassitude… dans son regard, dans sa main posée sur mon front achève sa phrase. Je sanglote pour ne pas hurler. Sa souffrance éveille en moi une douleur atroce. Est-ce la mienne ou la sienne ? Celle de ma différence ? Celle de ma naissance ? Toutes celles dont j'ai entendu le récit et qui sont venues me laisser des cicatrices ? Trop petite pour tant de peines innommées, trop grande pour ne pas être consciente de la solitude, de l'indifférence et parfois même de la méchanceté que m'attire ma marginalité. Je me sens si loin de « là-bas ».

De sa tête qui effleure la mienne, papa me dit qu'il a compris. Sa voix qui fredonne une berceuse me distrait de mon mal. Les battements de son cœur tout juste dans mon oreille me disent que jamais il ne m'abandonnera. Le souffle chaud de sa bouche caresse mon front. J'aimerais que ses mains se soudent à mon corps. Je ne veux pas dormir. Je glisse ma voix sur la sienne. Imperceptiblement, d'abord. Que des murmures de mélodies. Sans paroles. Une deuxième. Une troisième. Une quatrième… Des dizaines d'enfants arrivent, forment un cercle autour de nous. Ils chantent avec nous. Ma sœur est du groupe. Et mon cousin préféré, qui tient mon petit frère par la main. Il ne manque que Guimauve. Où est ma chatte ?

Ah! C'est elle qui me mordille l'oreille. Elle a faim. Le déjeuner est servi dans la cuisine.

Maman a revêtu ses habits du dimanche, mais elle a son visage des jours d'hiver. Ma sœur refuse de manger. Papa lui prépare une collation : un sandwich au fromage, son goûter préféré, une pomme et un carré de sucre à la crème qu'il a emballé dans du papier argenté, comme un cadeau de Noël. Le tout glissé dans son sac d'école. « C'est pour la récréation.

– Je n'irai pas à la récréation. Je veux revenir avec maman.

– Bon. On vous attendra pour dîner. »

Maman renvoie à son mari un regard entendu. Faute d'être elle-même douée de cette habileté à dédramatiser, elle l'apprécie chaque fois que papa s'y applique. Elle fait toutefois la sourde oreille à ma sœur qui, exceptionnellement, gémit pendant qu'elle tresse ses cheveux.

« Prends ton sac et viens. Il faut qu'on soit là avant que les élèves arrivent. » Ma sœur regimbe. Papa a une idée : « Veux-tu que j'aille, moi, avec elle ? J'en profiterais pour apporter du sucre à la crème à sa maîtresse. Elle doit manquer de sucreries, ce temps-ci… »

Maman éclate de rire et ma sœur glisse sa main dans la sienne, résignée. Elles ne sont pas engagées sur la route que papa me réclame. Assis au bout de la table, il prend mes mains et les pose sur ses genoux, signe de l'attention exigée. « Écoute-moi bien, ma pitchounette. On va préparer de belles surprises à ta maman et à ta sœur. Un gros gâteau au chocolat glacé au sucre d'érable. Tu m'apportes tout ce que je vais te demander. Pendant qu'il va cuire, on débarrassera la table, puis on fera un beau ménage dans la maison. » Mon enthousiasme lui est acquis. Mon petit frère, qui a l'habitude de dormir après le déjeuner, devient aussi notre complice. « Merci, ma chère demoiselle », me dit papa à chaque service rendu. Je m'en amuse, mais je demeure étonnée de sa réaction enjouée à cet événement que je plaçais parmi les plus tristes qui aient touché ma sœur. « Va voir si son lit est fait. Sinon, je vais aller te donner un coup de main. » En m'entendant redescendre l'escalier, il jette un coup d'œil au four et vient à ma rescousse. « Ouais… Sommeil agité, si on en juge par les couvertures toutes sens dessus dessous. » Le lit remis en ordre, papa range tout ce qui traîne dans la chambre de ma sœur. Nous allions retourner à la cuisine d'où monte un arôme de chocolat, mais il s'arrête à ma chambre, replace les couvertures, s'assoit sur le bord du lit et me dit : « Tu es assez grande, maintenant, pour comprendre ce que je vais t'expliquer. Ce matin, ta sœur doit réussir quelque chose de très difficile. Elle doit affronter ceux qui se sont moqués d'elle, hier. Il n'est pas impossible que tu aies à le faire un jour, toi aussi. Presque personne n'y échappe. On serait tous tentés de fuir ces personnes pour toujours. »

D'un battement de cils, je l'approuve, et pour cause.

« Mais si on agit comme ça, la fois suivante, on aura encore plus mal et on se sentira encore moins capable de faire face à ceux qui nous ont blessés. Y aura de moins en moins de gens autour de nous. On risque ainsi de se retrouver tout seul dans la vie. Tandis que, si on reprend notre place avec courage et qu'on leur montre, par exemple, que si on ne réussit pas à réciter toutes les multiplications par sept, on sait faire plein d'autres choses, on devient plus fort. Plus grand. Plus beau. Et ça, ça mérite une fête. Viens vite qu'on finisse d'en préparer une pour ta sœur. »

La veille, j'avais entendu, de la bouche de papa, que la honte empêche de grandir. Ce matin, il vient me dire que d'affronter ceux qui se moquent de nous rend plus grand. Est-ce à dire que je ne devrais plus fuir la présence de celles qui ne m'aiment pas si je veux devenir plus grande et plus belle ? Je ne m'en sens pas la force, et pourtant, je rêve de devenir plus grande que ma sœur et aussi belle que ma marraine.

*

* *

Maman pleure dans les bras de papa. Ils n'ont presque pas parlé en dînant. Près de la porte, deux grosses malles attendent, prêtes à partir pour les États-Unis où papa s'en va avec quatre autres hommes. Eux pour bûcher, lui pour faire la cuisine dans leur camp. Des pas sur la galerie font fuir maman dans sa chambre. Papa embrasse d'abord ma sœur. « Sois gentille avec ta maman et ta sœur, ma grande. Puis prends bien soin de ton p'tit frère aussi. » Il vient me chercher derrière le fauteuil où je me suis cachée pour pleurer, me soulève, me porte sur sa poitrine et pose ma tête sur son épaule en caressant mes cheveux. « Faut pas pleurer comme ça. Papa va revenir avec beaucoup de sous. Juste à temps pour montrer le chemin de notre maison au père Noël. On va faire une grande fête, ma pitchounette. » Arrivée la veille, après plus de six mois d'absence, notre servante me reprend des bras de papa. « Venez avec moi, les filles, on va faire un jeu. » Nous nous rebiffons. Papa connaît un moyen infaillible de nous faire rire. Il se couvre de son casque aux oreilles de laine de mouton et, à toute vitesse, il tourne la tête de gauche à droite. Les oreilles de son chapeau volent autour de sa tête et les cordons lui fouettent le visage. « Ayoye ! Ayoye ! Ayoye ! » Trois coups frappés à la porte mettent fin à la tragi-comédie. Papa enfile son manteau, empoigne ses malles, jette un coup d'œil vers la chambre d'où maman sort pour se pendre à son cou une dernière fois avant Noël. De fenêtre en fenêtre, elle lui fait signe de la main jusqu'à la côte que la voiture dévale en direction du Maine. Maman demeure le front collé à la vitre. Au cas où papa ferait demi-tour, peut-être. Notre servante, une nièce de papa, semble chargée, entre autres tâches, de ramener la gaieté dans la maison. Sitôt la porte refermée derrière papa, elle a sorti le bébé de son lit et l'a mis dans les bras de maman ; elle sait que, mieux que personne, son « p'tit ange » saura lui redonner de l'entrain.

Je l'aime bien, notre servante. Fort belle, elle a un amoureux. Un amoureux que ses parents n'aiment pas. Je pense même qu'ils lui ont interdit de le fréquenter. Chez nous, c'est différent. En fin d'après-midi, pendant que maman est partie avec le bébé voir la parenté d'en face, tout en faisant le repassage, elle nous en parle. Ma sœur lui pose des questions gênantes et, chose surprenante, elle lui répond. C'est vrai que son amoureux l'embrasse sur la bouche, je les ai vus, l'été dernier. Il ne faisait pas très noir quand je suis descendue me chercher un verre d'eau. Tout le monde dormait, sauf notre servante et son ami de cœur qui veillaient sur la véranda. Même qu'il lui a fait des choses que jamais papa n'a faites à maman. Je le jurerais. Sans cesser de l'embrasser, il lui caressait les seins. Pis encore, elle a mis sa main dans le pantalon de son amoureux. Tous deux ronronnaient de plaisir. Je suis vite remontée à ma chambre. Ce que je venais de voir m'a tenue éveillée une partie de la nuit. Il m'est arrivé d'avoir envie de ces choses avec mon cousin préféré, mais je n'ai pas osé. De peur d'être punie. Ma sœur s'est fait surprendre avec un ami de son âge à la fin de l'été et mes parents l'ont sévèrement grondée en plus de la priver de dessert pour la semaine. Je tremble à imaginer la punition qui serait infligée à notre servante si ses parents savaient…

Est-ce le fait d'avoir huit ans qui rend ma sœur si curieuse? «Vas-tu avoir un bébé si tu l'embrasses trop longtemps, ton amoureux?

— Qui t'a fait croire une chose semblable?
— Ma meilleure amie.
— Tu diras à ta meilleure amie qu'il faut beaucoup plus que des baisers pour faire des bébés.
— Qu'est-ce qu'il faut?
— C'est à ta maman de te l'expliquer.
— J'aimerais mieux que ce soit toi…
— Une autre fois.»

Elle veut dire: «Quand ta petite sœur ne sera pas là.»

Moi aussi, je voudrais savoir. Je tente ma chance. Sans me soucier de déranger Guimauve qui dort sur le coussin de velours, je la prends dans mes bras, monte à ma chambre et reviens à pas de loup m'asseoir sur la marche d'en bas.

«Vas-tu me le dire, maintenant qu'on est rien que toutes les deux?

— Je préférerais vraiment que tu le demandes à ta mère.
— Ça me gêne trop avec elle.
— Bon. Je vais t'en dire un peu…

— Pourquoi, un peu ?
— Parce que je te trouve trop jeune.
— Heu ! J'en sais, des choses. Bien plus que tu penses.
— Ah oui ? Comme quoi ?
— Je sais comment ils sont faits les garçons. Je sais même comment faire grossir leur…
— Si ta mère t'entendait…
— C'est pour ça que je ne veux pas parler de ça avec elle. Avec toi, ce n'est pas pareil. »

Au silence qui se prolonge, je devine que notre servante est très embarrassée.

« Puis, tu vas me le dire ?
— Il faut que tu me promettes de n'en parler à personne, tu m'entends ? Même pas à ta meilleure amie. Tu me jures ?
— Juré !
— D'abord, il faut être de grandes personnes pour avoir des bébés.
— Tu veux dire avoir de gros seins ?
— C'est à peu près ça.
— Puis les garçons, qu'est-ce qu'il leur faut ?
— Hum… Devenir presque aussi grands que ton papa.
— Puis s'embrasser en cachette, sur la bouche ?
— Et s'aimer très fort.
— Maman va bientôt avoir un autre bébé.
— Tu penses ?
— Hier matin, papa a commencé à l'embrasser, puis, avant d'aller s'enfermer dans leur chambre, ils m'ont dit d'aller jouer en haut avec ma sœur.
— Ça se pourrait…
— Ils font quoi, en plus de s'embrasser sur la bouche, quand ils ferment la porte de leur chambre ? »

Après un autre silence j'entends un chuchotement dont je ne saisis que les mots «caresse» et «ventre». Les caresses feraient-elles grossir le ventre? Et les seins? Et quelque chose chez les garçons? Ma sœur l'a dit, d'ailleurs. Je comprends maintenant pourquoi notre servante a une si belle poitrine…

Que de choses merveilleuses elle nous apprend, cette cousine! Je voudrais qu'elle demeure toujours avec nous. Il m'arrive de craindre que son amoureux ne nous l'enlève, le soir, quand il fait très noir. Elle nous demande souvent, le temps qu'elle se fait belle pour sa visite, de surveiller sa voiture et de l'avertir quand elle apparaît dans la courbe. Alors, elle devient tout excitée, se regarde encore dans le miroir, de côté, d'arrière, de l'autre côté. Replace sa coiffure déjà parfaite, asperge de parfum l'arrière de ses oreilles et ses poignets, puis dévale l'escalier. Parfois, papa a eu le temps d'accueillir l'amoureux et de lui faire croire qu'elle ne travaille plus chez nous ou qu'elle est partie avec un autre garçon. Un jour, il a poussé l'espièglerie jusqu'à se rendre au village, emprunter l'auto de l'amoureux et s'amener à la maison alors que notre servante, mal habillée, était à laver les planchers. Il avait mis ma sœur dans le coup. Notre servante a paru fâchée devant lui, mais je l'ai vue cacher un fou rire. Elle lui a juré qu'elle se vengerait, mais elle ne l'a pas encore fait. Je crois qu'au fond elle aime se faire jouer des tours par mon père. La seule fois qu'elle s'est vraiment mise en colère, c'est lorsque, déguisé en ours, papa est venu nous faire peur alors que nous ramassions des fraises dans le champ. Maman non plus n'a pas apprécié la farce: ma sœur a été si effrayée qu'elle s'est évanouie en entrant dans la maison. Moi, je n'ai pas eu peur. Juste avant qu'il commence à grogner, de la roche sur laquelle je m'étais assise pendant que les autres cueillaient les petits fruits, je l'ai vu sortir du boisé ; comme il marchait debout à ce moment-là, j'ai reconnu son visage et il m'a envoyé la main.

Un autre de ses tours a exaspéré ma sœur, contrarié maman, alors que j'en ai été plutôt ravie. Un de ces beaux dimanches d'été, alors qu'il avait, pour la première fois, gardé mon petit frère pendant la messe, il a annoncé, à notre retour, qu'après le dîner il emmènerait ses filles faire un beau voyage. Aux États-Unis. « Voir les tantes riches ? a demandé ma sœur.

— Si on part assez tôt, on aura peut-être le temps de nous rendre jusque chez elles.
— Ça prend combien de temps pour aller "là-bas" ?
— Un bon après-midi. »

Je suis ébahie. Elle a dit « là-bas ». J'ai très bien compris. Je vais pouvoir me faire des provisions de bonheur et en apporter à tous ceux que j'aime. Je m'apprête à vivre un des plus beaux jours de ma vie.

Pendant que ma sœur aide maman à laver la vaisselle, je passe mes robes en revue. Pas une ne me semble assez jolie pour ce voyage. Par contre, dans la garde-robe de ma sœur, il y en a beaucoup. Celle qui a la couleur du soleil m'attire plus que toutes les autres. Elle me paraît même un peu plus petite... Les manches bouffantes, la jupe recouverte aux deux tiers d'une dentelle blanche me font penser à la marquise de porcelaine de maman, si jolie avant qu'un accident écorche le bas de sa jupe et une de ses sandales. Cette robe est vraiment parfaite pour la circonstance. Qu'elle descende à mi-jambe me ravit. Quand je tourne sur moi-même, elle fait un cercle si grand que j'ai peine à le rejoindre du bout des doigts. Dommage que mes souliers ne soient pas aussi blancs que la dentelle de cette robe. Que ceux de ma sœur soient, hélas, beaucoup trop longs pour que je puisse les lui emprunter. Des rubans jaunes pour mes cheveux! Je n'ai pas à fouiller très longtemps dans le coffret de ma sœur pour en trouver. En toute hâte, je redescends dans la cuisine et me dirige vers maman pour qu'elle me les attache quand je suis interrompue dans mon élan. Des éclats de rire qui sonnent la raillerie. Je m'apprête à rebrousser chemin, mais je n'en fais rien. « Il faut affronter ceux qui se moquent de nous si on veut devenir plus grand », m'a appris papa. J'ai peine à retenir mes larmes. Maman m'ordonne d'aller remettre la robe que je portais en matinée. C'en est trop. Je suis non seulement ridiculisée, mais aussi incomprise. Je me demande même si j'ai encore le goût d'aller « là-bas » avec eux. Papa dit, amusé : « Laisse-la donc comme ça. Ce n'est pas tous les jours qu'on va aux États, hein ma pitchounette ? » Maman finit par acquiescer et ma sœur boucle ses rubans à mes tresses.

« Vous êtes prêtes, les filles ? »

Papa embrasse son fils et maman qui, en lui remettant un sac, lui chuchote à l'oreille : « Ce n'est pas un tour à jouer à des enfants de cet âge-là, il me semble.

– Ne t'en fais pas. On va s'amuser. »

La main dans celle de ma grande sœur, j'ai retrouvé mon sourire. Assises toutes deux sur le siège arrière, nous mêlons nos voix à celle de papa qui vient d'amorcer son répertoire de chansons. À peine déplorons-nous l'absence de la mandoline tant notre euphorie est grande. Le vent chaud qui valse d'une portière à l'autre fait voleter des mèches de cheveux sur nos fronts. La soif nous prend. Mais, pour ne pas rompre le rythme fou des chansons qui se succcèdent, nous patientons. Aussi, où irions-nous boire puisque nous roulons depuis un bon moment entre épinettes, érables et bouleaux et qu'aucune maison ne borde la route ? Je commence à trouver que c'est loin « là-bas » quand papa propose une halte. « Le temps de boire une gorgée… » Comment savait-il que, juste là, un chemin jonché de feuilles conduisait à une clairière où le soleil peut pénétrer sans retenue ? Papa prend, dans le coffre de la voiture, le sac que lui a remis maman et en sort des sandwichs, des gâteaux et un autre sac qui contient, surprise ! deux bouteilles de boisson gazeuse coincées entre des glaçons à moitié fondus. L'une rose framboise, l'autre orange. Vient ensuite la couverture pour protéger ma robe. Sans elle, j'aurais refusé de m'asseoir par terre pour boire. Fait exceptionnel, papa me laisse commencer par le dessert. Ma sœur veut intervenir, mais il lui rappelle que c'est jour de fête… Je suis ravie. La campagne tout entière est de la partie, et au cri strident des cigales se mêle le chant des merles et des rossignols qui charme nos oreilles. Mon bonheur est total. Nous ne devons plus être très loin de « là-bas ».

« Êtes-vous trop fatiguées pour continuer ? » demande papa après que nous avons fait honneur au goûter.

Nous nous déclarons prêtes à filer jusque chez les tantes riches.

Le chemin traverse une forêt de plus en plus dense. La voiture cahote sur cette voie qui nous semble peu fréquentée. Plus aucune voiture ne vient à notre rencontre. Heureusement, car je me demande comment deux voitures pourraient se croiser sans se heurter. Papa et ma sœur chantent toujours. Plus moi. Une ambiance de mystère m'habite, tantôt fascinante, tantôt affolante. Dans l'herbe haute qui borde le chemin, papa arrête la voiture.

« Il ne nous reste qu'un tout petit bout à faire à pied », dit-il.

Ma sœur s'inquiète de moi : « Comment elle va faire pour marcher là-dedans ?

— Je vais la prendre sur mes épaules. »

Sitôt dit, il me hisse sur son dos et prend le temps de bien placer ma robe de chaque côté de son cou. Nous nous engageons dans un sentier si étroit que ma sœur doit marcher derrière papa.

Après une dizaine de minutes, elle se plaint. « Je suis fatiguée de marcher. On est encore loin ?

— Non. On arrive, là. Je vois les États d'ici.

— Puis toi, tu les vois ? » me demande-t-elle, enviant ma position.

Mon signe de tête la déçoit.

« Tiens, ta sœur y est, dit papa en me déposant par terre, de l'autre côté d'une clôture de broche.

— Je ne vois pas les maisons.

— Ce n'est pas nécessaire. Mais attends que je te monte sur mes épaules.

— Je ne vois que des arbres.

— Elles sont derrière les arbres.

— Et comment allons-nous faire pour y aller ?

— Aller où ?

— Aux États-Unis, voyons.

— Mais nous y sommes.

— Je... je... »

Ses yeux se remplissent de larmes, et la déception fait trembler sa voix. Je suis peinée pour elle.

« Vous êtes pas fin, papa. Ramenez-moi par terre.

– Non. Attends. C'est vrai que d'ici on ne peut pas voir les belles maisons des États. Et on n'a pas le temps d'y aller aujourd'hui. Mais j'ai quelque chose de beaucoup plus important à te montrer. »

Ma sœur écarquille les yeux, méfiante. Mon père s'adosse à la clôture.

« Tu vois cette grande forêt autour de nous ? S'il nous arrivait quelque chose à ta mère et moi, tout ça t'appartiendrait. »

Cette déclaration ne semble pas adoucir son désappointement. Papa continue :

« Tous ces lots sont à nous. Ça représente beaucoup de sous, tu sais.

– Beaucoup de sous ?

– Assez pour acheter plusieurs maisons aux États-Unis.

– Wow ! Mais j'aurais voulu qu'on voie nos tantes aussi... »

Papa pose ma sœur sur le sol et me reprend sur ses épaules. Nous retournons à la voiture. À peine avons-nous roulé dix minutes que ma sœur s'endort. Papa commence à fredonner, en solo. Du rétroviseur, il m'invite à l'accompagner. Non. Pas avant d'avoir percé l'énigme de cet après-midi. Les yeux fermés, je parviens mieux à rassembler les bribes de conversation et les paroles de chansons qui parlent de « là-bas ». Toujours, les mots « bonheur », « abondance » et « amour » y sont accolés. Il y avait bien eu cet aller tout en musique, cette halte enchanteresse, mais aucune rencontre avec des gens comme les grands-tantes des États, bellement vêtues, les bras chargés de cadeaux, qui sentent bon et qui sourient. Lasse de ne pas comprendre, je décide, finalement, de chantonner. Aussitôt, papa choisit des mélodies que je connais. Puis, il entonne *À la claire fontaine*. Spécialement pour moi. Je le sais aux regards qu'il m'adresse du rétroviseur chaque fois qu'il reprend : « Il y a longtemps que je t'aime, jamais je ne t'oublierai. » Au troisième refrain, je peux lui faire le même serment. Nous nous le répétons au moins dix fois. C'est le morceau de bonheur que papa me rapportait de « là-bas ».

*
* *

Il fait froid et il y a beaucoup de neige. Je souhaite qu'il en tombe tous les jours. Je m'ennuie de papa. Ma sœur aussi. Lorsqu'elle a demandé à maman quand il reviendrait, elle n'a pu répondre tant l'amour lui serrait la gorge et lui brûlait les yeux. La servante l'a aidée, comme elle le fait dans toutes ses tâches. « Quand on ne verra plus la clôture… »

La dernière planche et la tête des poteaux sont encore dégagées. À moi, papa a promis de revenir avant que passe le père Noël. Pour lui montrer le chemin vers notre maison. Je n'ai pas oublié.

Autour de moi, on ne parle que d'« avant ». À l'église le dimanche. À l'école aussi. Ma sœur en revient avec des carrés d'un calendrier à colorier pour chaque jour de l'« avant » où elle a fait, dit-elle, un petit sacrifice. Je ne comprends pas trop ce qu'elle entend par là, mais je sais que, lorsqu'elle me prête sa robe de chambre rouge en chenille, elle en fait un. Maman lui en suggère d'autres, le temps venu d'essuyer la vaisselle ou d'amuser mon petit frère. Prêter, essuyer, amuser sont donc des sacrifices. Et si j'en crois la grand-mère qui ne m'aime pas, plus on en fait, plus on aura du plaisir à Noël. Or je n'ai rien à prêter, rien à essuyer. Il ne me reste qu'à amuser mon petit frère et j'adore ça. Est-ce que je passerai quand même un beau Noël ? Je crois que oui, même si je n'ai pas fait beaucoup de sacrifices. N'ayant pas de papa, grand-mère ne peut imaginer quelle joie j'éprouverai à revoir le mien. Papa, c'est mon Noël à moi.

« Avant » qu'il soit avec nous, c'est long. Les « avant » le sont tous, je crois. Surtout quand il tombe peu de neige. La servante réussit à l'enlever à mesure sur les marches et dans l'entrée. Elle ne veut pas que maman s'en charge. « C'est trop dangereux, dans votre état. » État, un autre mot que je ne saisis pas. Parfois, on le dit du bout des lèvres, parfois on en parle avec un large sourire, comme lorsqu'on attend de la visite des États. Si je ne m'arrête qu'au mot « dangereux », je comprends encore moins. Nous avons tellement de plaisir, ma sœur et moi, chaque fois que notre cousine entreprend de pelleter. Elle nous lance de la neige à l'improviste et, quand on lui tourne le dos pour ne pas la recevoir dans la figure, elle court se cacher... Je ne vois vraiment pas où serait le danger pour maman. Elle nous a même laissé entendre qu'il est possible que le père Noël nous apporte, à ma sœur et moi, chacune une pelle. De notre grandeur. Dans sa lettre, ma sœur a demandé au père Noël d'ajouter deux poupées, une pour elle, une pour moi. La sienne devra être blonde comme elle. « Belle comme elle », que j'ai pensé. Si je dessinais celle que j'aimerais recevoir, je lui ferais des ailes. Comme celles des anges dont nous a parlé notre voisine. Cette poupée pourrait m'amener « là-bas » voir mes tantes élégantes, puis, plus loin encore, là où vont ceux qui meurent. Sur ses ailes. J'aimerais voir la petite fille de notre voisine et sa meilleure amie. Aurais-je envie de revenir ici ?

*
* *

Une journée magnifique! Prometteuse comme le ciel qui nous comble enfin de la plus grosse bordée de neige de l'année. Pendant que maman et mon petit frère dorment, que notre servante écrit une lettre, je regarde les poteaux de la clôture s'enfoncer peu à peu sous la neige. Qui sait si demain matin ils n'auront pas disparu complètement ? Si papa n'arrivera pas pour le souper ? J'ai hâte que ma sœur revienne de l'école ; on va chanter et danser ensemble pour fêter la neige qui tombe et tous les bonheurs qu'elle nous réserve. Des têtes surgissent sur la côte. Ce sont les garçons. Ils marchent plus vite que les filles. Derrière eux, je vois enfin apparaître les deux inséparables : ma sœur et son amie. Elles passent maintenant devant la maison des grands-parents. Tiens, quelqu'un les arrête. Non! La tante qui ne m'aime pas se joint à elles. Pas de danse à la neige, pas de plaisir avec ma grande sœur. Elle la gardera près d'elle, lui parlera juste assez pour ne pas qu'elle s'en éloigne, en plus d'accaparer maman qu'elle aura réveillée de sa voix de plomb. Je la déteste, cette femme. Je me sauve avant qu'elle me voie. Tant pis si aujourd'hui je rate une occasion de grandir et d'embellir. Je monte à ma chambre. Ma chatte n'est pas sur mon lit. Je dois redescendre à toute vitesse. Où est-elle, Guimauve ? Ah, là ! Dans le panier de tricot de maman. Elle est lourde à transporter quand elle dort. Des pieds tambourinent sur le perron. J'ai juste le temps de disparaître en haut de l'escalier.

« Vous avez appris la grande nouvelle ? »

Notre servante s'inquiète. La voix de maman vient aussitôt faire écho à la sienne. Elle l'a réveillée. Je le savais.

« Il paraît que les hommes ont commencé à descendre des chantiers.

— Trois jours plus tôt ? Ça me surprendrait.

— Y aurait tellement de neige molle que le *forman* en aurait libéré plus que la moitié. »

Ma sœur s'exclame en battant des mains : « Papa s'en vient ! Le père Noël aussi ! »

Maman l'interrompt : « Tant qu'il restera un bûcheron au camp, ton père ne peut partir.

— Mais pourquoi ?

— Tu sais bien qu'ils ont besoin de quelqu'un pour leur faire la cuisine. Ton père sera toujours le dernier à quitter le camp. »

Ma sœur boude. « Je ne ferai pas comme vous, maman. Je vais me prendre un mari qui n'ira pas travailler loin comme ça. »

J'ai profité de la conversation pour descendre ; de la marche du bas, je peux tout observer sans être vue. Je réalise, pour la première fois, que ma tante n'a pas d'enfants. Pourtant, elle est plus vieille que notre servante. À bien y penser, je crois que c'est mieux ainsi. Elle est si peu gentille, excepté avec ma sœur et mon père, qu'elle ne mérite pas d'en avoir. Parfois, j'ai l'impression qu'elle voudrait me voler ma sœur. Comment l'en empêcher ? Je ne vois d'autre moyen que de ne jamais les laisser seules… Je sais que ce sera très pénible de m'exposer ainsi à ses plaisanteries malicieuses. Pour tenir le coup, je baisserai les yeux et je me souviendrai, comme papa me l'a appris, que de l'affronter me rendra plus jolie et me fera grandir. Quand j'aurai trop mal, j'essaierai de trouver un moyen d'entraîner ma sœur ailleurs.

Comme elle n'a pu encore s'offrir sa dose quotidienne de moqueries, elle dit à maman : « Ta p'tite sauvageonne est encore allée se cacher ? »

Maman se borne à hausser les épaules.

« Pour peu de temps, ai-je envie de lui répondre. Laisse arriver papa et tu n'auras plus jamais le plaisir de me traiter de sauvageonne. Tu pourrais même en venir à souhaiter que j'aille me cacher… »

Tiens ! Notre servante prend ma défense : « Je n'ai jamais vu une enfant avoir autant de plaisir avec sa chatte. À les regarder jouer ensemble, on jurerait qu'elles se comprennent plus que certains humains.

— Avoue que ce n'est pas évident pour un humain, comme tu dis, de comprendre une enfant de cinq ans qui ne dit pas encore un traître mot.

— J'y arrive assez bien, tu sauras. Puis, c'est tellement extraordinaire de l'entendre chanter.

— Ça paraît que tu ne vis pas ici à l'année longue… »

Je n'en peux plus. Je retourne dans mon lit et, la figure plongée dans les poils longs et soyeux de Guimauve, je pleure sans retenue. Des pas dans l'escalier, puis la porte de ma chambre s'entrouvre. Je reconnais les souliers de notre servante. Ma chatte lui laisse la place. Dans ses bras, blottie contre sa poitrine, je sens ma peine qui s'avive. Comme une brûlure exposée à l'air. Pas un mot. Que des bercements. Soudain, je perçois un sanglot dans sa gorge. Elle a compris ma souffrance. Comme notre voisine. Je cesse de pleurer. Pour ne pas la chagriner davantage.

« Ton papa est à la veille d'arriver, tu sais. »

Je l'approuve d'un signe de tête.

« Tu sais qu'il t'aime beaucoup, ton papa. »

Cette fois, ce sont des larmes d'amour et de nostalgie qui gonflent mes paupières.

« Moi aussi, je t'aime beaucoup. Je ne voudrais surtout pas te faire de peine. Tu es si charmante. Si intelligente. Si affectueuse. »

Une musique à mon oreille. Un baume dans mon cœur. Je noue mes bras autour de sa taille. Elle réchauffe mon front d'un long baiser et me remet dans mon lit. « Il faut que j'aille préparer le souper. Ta tante va bientôt partir. Je vais t'attendre pour mettre les assiettes et les ustensiles sur la table, d'accord ? »

Je n'ai plus de peine. La colère a débordé et elle m'est à présent plus facile à supporter. Guimauve revient vers moi, se coule contre mon épaule, rampe le long de mon ventre, adopte ma position. Est-ce son ronronnement qui m'a endormie ? Qui m'a transportée dans un rêve dont j'ai tant de mal à sortir ? Cette voix de papa qui s'accroche à mon oreille… Qui persiste, même si je me frotte les yeux et que je reconnais mes couvertures. Ces pas lourds dans l'escalier. Qui se dirigent vers ma chambre. Sa veste de laine que j'aperçois dans l'embrasure de la porte. Son élan vers moi. La pluie de baisers sur mon visage. Dans mon cou. Sur mes bras. À Guimauve. Sous mes éclats de rire encore embrumés de sommeil. Ses bras tendus vers moi, prêts à me porter jusqu'à la cuisine.

Ma sœur jubile. « Le père Noël va bientôt nous apporter nos cadeaux ! »

Il est arrivé mon cadeau. J'aimerais tant que tous ceux qui sont assis autour de la table où le repas est déjà servi le comprennent.

J'écarquille les yeux, regarde autour de moi tant je suis abasourdie par tout ce qui s'est passé pendant mon sommeil. Les «avant» ont cédé la place à la fête. Papa est là. Le bonheur est revenu. Ses regards, ses anecdotes, ses taquineries généreusement distribués l'alimentent. Mon petit frère est le seul à bouder. Il n'accepte pas que papa l'approche. Je pense qu'il veut le punir d'avoir été parti si longtemps.

«Savez-vous ce qu'on fait après le souper, les filles?»

Ma sœur a repoussé son assiette. «Quoi, papa? Dites vite.

— L'arbre de Noël. Vous allez m'aider?

— Mais c'est seulement dans trois jours, Noël…

— Je sais. Mais tout à coup qu'il vient voir si on s'est préparés à le recevoir…»

Notre servante l'approuve. En rajoute même. «J'ai connu des Noëls où il avait laissé les cadeaux deux jours d'avance. De peur de ne pas avoir le temps de faire le tour de toutes les maisons…

— Plus il y a d'enfants qui lui écrivent, plus il a de route à parcourir cette nuit-là.»

J'apprends que notre servante a eu la gentillesse de lui envoyer une lettre au nom de mon petit frère. Sinon, il n'aurait pas su que nous étions trois, maintenant. J'apprends aussi que le mari de notre voisine est allé nous couper un sapin et l'a fait dégeler dans son atelier, au cas où papa ne serait pas arrivé à temps pour le faire. Pendant que notre servante descend les boîtes de décorations du grenier, papa va chercher l'arbre. Il faut qu'il soit très fort, papa, pour le transporter tout seul, le passer dans la porte, de reculons, sans casser une seule branche, et l'installer du premier coup dans le seau d'eau que maman a placé dans un coin du salon. Le voisin l'a coupé juste de la bonne hauteur. Avec l'étoile, il touche le plafond. Ses branches sont si longues et si nombreuses que maman craint qu'on ne manque de décorations. Je m'empresse donc d'aller chercher mon coffret de rubans et de le présenter à notre servante.

« C'est une bonne idée ! Mais avant d'en prendre, on va mettre de côté ceux qui s'agencent à ta robe de Noël. »

Ma sœur intervient.

« Pas besoin. Maman n'attache pas nos cheveux, les jours de fête. Elle nous frise…

– J'oubliais. On peut aussi ajouter des cheveux d'ange. En avez-vous ? »

Mes parents se regardent, perplexes. Papa propose : « Je dois aller au village, demain. J'en rapporterai en même temps. »

Des cheveux d'ange ! C'est la première fois que j'entends dire que des anges habitent au village. Ils doivent être bien cachés, je n'en ai jamais vu. Mais papa semble savoir où ils sont. Il faut que j'aille avec lui demain.

Je suis contente de le voir monter le volume de la radio. Maman proteste. Il explique, taquin : « Tu ne sais pas encore que les airs de Noël endorment les bébés au lieu de les exciter ? Je te gagerais qu'il va se réveiller plus tard demain matin. »

Maman hoche la tête. La servante rit à gorge déployée. Papa attendait avec impatience que joue le *Jingle Bells* pour faire son numéro. À chaque « Oh ! », il lève les bras au ciel, feint d'échapper la boule flamboyante qu'il allait accrocher à une branche, la saisit juste à temps, puis la relance dans les airs comme si elle était endiablée. Nos rires le poussent à plus d'exploits acrobatiques… la boule éclate en mille miettes sur le plancher. Curieusement, il ne s'en montre aucunement attristé. Dans le ramasse-poussière où il a recueilli les morceaux, il flanque son pied pour les émietter plus encore. Ma sœur et moi n'en croyons pas nos yeux. Sa nièce l'observe, non moins ébahie. Maman ne rouspète même pas. Il nous regarde, fier de lui. « Éloignez-vous, les p'tites filles. Fermez les yeux. Ouvrez-les. » Les débris de la boule volent au-dessus de l'arbre et viennent se poser sur les branches comme des cristaux lumineux. Notre père est un vrai magicien.

Je constate aussi que la joie rend les gens bavards. Ils le sont tant que je dois me retirer un peu à l'écart pour bien saisir les paroles d'une chanson. Je colle l'oreille à la radio. J'ai bien entendu, cette fois. Toute une révélation. « Petit papa Noël, quand tu descendras du ciel, avec des jouets... », vient de répéter la chanteuse. Papa serait donc passé par le ciel en revenant... À ce qu'on dit, à cet endroit où sont accrochés le soleil, la lune et les étoiles, il n'y aurait que du plaisir. C'est sûrement pour ça que papa se montre de très bonne humeur. Je l'observe plus attentivement. C'est vrai qu'il est un peu différent d'« avant ». Plus joyeux. Plus amoureux. Mais les jouets ? Pourquoi n'a-t-il pas pu en emporter ? « Il ne faudrait pas oublier de placer des biscuits et un verre de lait sur la table avant d'aller dormir... Au cas où le père Noël passerait cette nuit.

– Je veux le faire moi-même, papa. »

Ma sœur, depuis qu'elle a eu ses huit ans, obtient nombre de permissions. Elle monte se coucher plus tard que moi et peut aller jouer chez son amie très longtemps. Même qu'elle peut dormir chez elle. Je la trouve tellement chanceuse d'avoir comme amie la petite fille qui habite chez notre voisine. Je n'ai pas ce prétexte facile pour aller la visiter. Pour tout dire, je n'en ai pas encore trouvé un. Quand je frappe à sa porte, c'est pour présenter un bout de papier sur lequel maman enjoint à ma sœur de revenir tout de suite à la maison et de me ramener avec elle. J'espère que ce soir je ne serai pas tenue d'aller me coucher plus tôt qu'elle. Surtout pas ce soir. Il faut qu'elle dorme déjà lorsque papa ira au lit. Pour que je puisse aller m'asseoir dans l'escalier sans qu'elle m'entende. J'aurai tellement de choses à surveiller… Ce sera sûrement l'heure charmeuse pour mes parents. Je veux entendre des échos de leur amour. Peut-être papa caressera-t-il maman jusqu'à ce que son ventre grossisse, comme a semblé dire notre servante quand elle expliquait à ma sœur comment se font les bébés. Qu'il grossisse assez pour qu'un autre petit frère y loge à l'aise.

Les dernières branches du sapin décorées, je ne suis pas surprise d'entendre maman ordonner: «Les filles, allez mettre vos pyjamas et brosser vos dents.»

Ma sœur se rebiffe: «Pas tout de suite, moi.

— Tout de suite, toutes les deux. Il est passé dix heures.»

Papa y va d'une largesse: «Si vous écoutez votre mère, je vous prépare un bon chocolat chaud.» Ma sœur ne s'en priverait pour rien au monde. Aussi le savoure-t-elle lentement, très lentement. Histoire de gagner du temps. Je sirote, moi aussi. Pour ne pas devoir monter avant elle. Maman a tout deviné. «Je vous laisse deux minutes encore. Si vous n'avez pas vidé vos verres, ce sera tant pis pour vous.» Elle est fatiguée, maman. Plus que papa. Plus que notre cousine aussi. D'ailleurs, elle va au lit en même temps que ma sœur et moi. Papa continue de bavarder à mi-voix avec sa nièce. Puis, des bruits étranges. J'entends ouvrir la porte qui donne sur le solarium. Des pas vont et viennent de cette porte au salon. Encore des chuchotements. Ensuite, des bruits de papier froissé. Encore et encore ces mêmes bruits. Enfin, tous deux se disent « Bonne nuit ». Je rampe jusqu'à mon lit. C'est de cette façon que je fais le moins craquer le plancher. Je bouscule Guimauve. « Réveille-toi. Je veux jouer. Sinon, je vais m'endormir et je ne veux pas. Pas avant d'être allée voir ce qui s'est passé de mystérieux dans la maison. » Ma chatte résiste rarement à cette invitation. Cette nuit, je me lasse plus vite qu'elle. Je tends l'oreille. Aucun bruit. Je me hasarde donc dans l'escalier. Zut! Guimauve me suit, elle m'a déjà devancée. Assise sur la première marche, j'écoute, j'attends. J'aime les bruits de notre maison. Les ronronnements de la fournaise dans la cave, le tic-tac de l'horloge dans le salon, le sifflement du réfrigérateur, comme une musique, que ponctuent quelques notes aiguës quand le moteur se met en marche, le battement des fils électriques qui se balancent sur le bord de la toiture. J'aime aussi ses odeurs. La poudre dont maman enduit le corps de mon petit frère avant de lui mettre son pyjama, un rôti de porc trop chaud pour être réfrigéré avant la nuit, les quelques vêtements raidis que notre servante a décrochés de la corde à linge et qui laissent, avec leur humidité, un arôme de lessive parfumée. Et ce soir, l'odeur du sapin qui monte jusqu'à ma chambre.

Assurée que Guimauve et moi n'avons réveillé personne, je me risque. À la faveur de la veilleuse placée sur un meuble de la salle à manger, je découvre que le goûter préparé par ma sœur pour le père Noël est toujours sur la table. Je dois passer devant la chambre de mes parents pour me rendre au salon. La porte, entrouverte, ne laisse paraître qu'un large ruban noir. Le plancher craque. Toujours au même endroit, entre la salle à manger et le salon. J'attends. Personne ne bouge. Vlan! Je sursaute. Guimauve vient de renverser le verre de lait. Je m'accroupis sur le plancher du salon, la figure cachée entre mes jambes repliées sur ma poitrine. J'attends, honteuse et fort déçue. Lequel, de papa ou de maman, viendra me semoncer? À travers mes mèches de cheveux emmêlés, des jambes. Fines, rosées. Celles de notre servante. Son bras vient se poser sur mes épaules. Elle soulève ma tête. Doucement. J'ose à peine la regarder. Elle me sourit. « On a trop fait de bruit, hein? » Elle prend ma main pour me reconduire à ma chambre. Je la retire pour aller nettoyer les dégats de ma chatte. « Laisse faire. Je vais m'en occuper », dit une voix derrière moi. C'est papa. Je sens qu'il est fâché. J'ai le cœur broyé. Je regrette amèrement d'avoir contrarié celui que j'aime le plus au monde. Surtout le soir même de son retour tant attendu. Je confie à mon oreiller le soin d'étouffer mes sanglots. Je ne pourrais supporter que mon père vienne me consoler. Je ne le mérite pas. Ma chatte reste au pied de mon lit, et c'est mieux pour elle. Je la repousserais. Comme, à mon réveil, je repousse ce poids sur ma hanche, sur mon épaule, sur ma tête. Cette chaleur sur mon front… Jusqu'à ce que je reconnaisse la main de papa, qui est assis sur le bord de mon lit. « Il faut que je te parle… » Jamais je ne lui ferais la sourde oreille. « Écoute, ma pitchounette, j'ai un service à te demander. » L'empressement se lit sur mon visage. « Ne laisse rien voir à ta sœur de ce qui s'est passé cette nuit, tu es d'accord? » Je n'éprouverais plus grand bonheur que de lui rendre service.

N'importe quel service. Sa requête me tient lieu de pardon. Je ne me fais pas prier pour descendre déjeuner. Je suis en appétit. L'odeur de pain rôti et de jambon grillé me fait saliver. À voir maman et ma cousine déjà coquettes, je devine qu'il est tard. D'ailleurs, mon petit frère est retourné au lit et maman, à ses tâches habituelles. Papa et notre servante m'ont attendue pour se servir une pointe de tourtière. « Celle qui reste est pour toi, après que tu auras mangé tes céréales. » Cette attention de papa me ravit. J'espère qu'il me tiendra compagnie jusqu'à la fin de mon repas. Même si ma grande sœur s'impatiente à m'attendre, je ne me sens nullement pressée de sortir de la salle à manger. Du coin de l'œil, je viens d'apercevoir des cadeaux sous le sapin de Noël. Désenchantement suprême, mes parents m'ont menti. Je ne peux supporter d'être trompée par mon père et ma mère. Je n'ai jamais rien éprouvé d'aussi accablant. Je crois même que j'aurai beaucoup de mal à apprécier le cadeau qui me sera remis. Mon regard croise celui de mon père. Dans le mien, le dépit, dans le sien, l'inquiétude. « À moins que mes parents ajoutent des cadeaux à ceux du père Noël... », me dis-je. Cette idée me soulage quelque peu.

Ma sœur trépigne devant l'arbre, essaie de deviner le contenu et le destinataire de la plus grosse boîte qu'elle croit déposée là par le père Noël. « Viens voir comme il y en a beaucoup. » Je refuse. « Mais qu'est-ce qu'elle a, papa?

— Laisse-la. Elle est capable d'y aller d'elle-même, si ça lui chante.

— Elle s'est vraiment levée du mauvais pied... »

Ma sœur retourne seule vers l'arbre. Rares sont les occasions où elle n'a pas obtenu ma complicité. Mais cette fois, c'est trop pour moi. Je préfère me distraire de ce qui la rend si euphorique.

Papa a pris sa dernière gorgée de thé et s'apprête à partir pour le village. « Je vais en profiter pour passer chez le barbier ; je suis mûr pour une bonne coupe de cheveux. » Je quitte aussitôt la table et cours m'habiller. Je redescends de ma chambre à vive allure, saute dans ma salopette de neige, attrape mon bonnet et mes mitaines. Croyant que je m'en vais jouer dehors, maman m'interdit d'y aller toute seule. « Enlève ton habit de neige, ta sœur est encore en pyjama… » Je fais la sourde oreille, collée au cadre de la porte. La liste des achats terminée, papa est prêt à partir. Je lui tends ma main. « Je ne peux pas t'emmener avec moi, j'en ai pour l'avant-midi. » Je m'accroche à son bras. Maman tente de me raisonner, notre servante aussi. Rien à faire, je veux aller voir quelle sorte d'anges habitent au village. Peut-être seront-ils chez le même barbier que papa puisqu'il se propose de rapporter de leurs cheveux pour décorer le sapin. Ma sœur annonce qu'elle veut venir, elle aussi. Cette fois, papa s'y oppose fermement : « Je n'ai pas le temps de t'attendre, puis j'en ai assez d'une… »

Étrangement, nous franchissons les trois milles qui nous séparent du village sans que papa dise un seul mot. Pis, il ne chante pas. Il n'aurait pu choisir punition plus affligeante. Je ne comprends pas en quoi ma présence lui est si pénible, nous avons été séparés pendant deux longs mois. Si j'avais su, j'aurais choisi de ne pas voir ces anges. Je regarde dehors pour ne pas pleurer.

Nous passons devant le magasin général, filons chez le barbier, trois bâtisses plus loin. Les trois sièges de coiffeur sont occupés et des quatre fauteuils alignés le long de la vitrine, un seul est libre. Papa doit m'asseoir sur ses genoux. En d'autres circonstances, j'en aurais été ravie. Les six hommes qui ont devancé papa sont exubérants. Certains me taquinent. Je leur souris. L'un d'eux me demande mon nom. Papa répond. Mon âge. Papa répond encore. « Le chat t'a-t-i mangé la langue ?

— Ma fille a autant de goût que son père ; elle ne parle qu'aux beaux hommes. »

Les cinq autres tentent leur chance. Le barbier croit avoir trouvé la raison de mon silence : « Elle n'en a pas, de langue... » Je lui envoie une grimace qui fait rigoler tout le monde. « T'as pas plus de chance avec les jeunes femmes qu'avec celles de ton âge, tu devrais bien le savoir », raille le client qu'il est à servir.

— Une autre comme ça, et tu pars d'ici avec les cheveux coupés d'un bord puis ta crinière de l'autre.

— Parlant femme, relance un plus jeune en s'adressant à papa, elles sont pas pires, les p'tites Américaines ?

— Ça paraît que t'as jamais mis les pieds dans un camp de bûcherons, toi.

— Tant qu'à ça, intervient un autre client, on a pas mal plus de chances de s'en payer en travaillant dans les mines. Le *forman* nous a organisé une de ces orgies avant qu'on descende...

— Puis tu t'en vantes », réplique papa, indigné.

La discussion s'enflamme. Les propos se font de plus en plus vulgaires. Papa tente vainement de détourner la conversation. Finalement, il me remet mon manteau et s'approche du barbier. « Je vais revenir un peu plus tard... »

Nous entrons dans un magasin bondé de clients. On se bouscule dans les allées. Visiblement pressé d'en ressortir, papa attrape quelques articles, dont une petite boîte qu'il montre au commis, le temps que ce dernier lui en indique le prix, et qu'il enfouit dans la poche intérieure de son veston. Une autre, un peu plus longue et plus étroite, reçoit le même traitement. Des surprises. Sans doute pour maman. En sortant du magasin, je prends la direction du salon de barbier. Papa me rappelle et nous rentrons directement à la maison. Pas de coupe de cheveux pour lui. Pas de rencontre d'anges pour moi. Papa se limite à siffler de temps à autre sur le chemin du retour. « Trop de monde, puis de ces conversations…, explique-t-il à maman qui s'étonne de le voir revenir avec ses cheveux longs.

— J'y ai bien pensé. Ce n'est pas une place pour emmener une enfant. »

Il lui remet un sac et garde dans sa poche les deux petites boîtes. Je saurai bien, demain soir, pour qui il les a achetées.

Après le dîner, ma sœur et moi rejoignons des amis voisins pour aller glisser juste en face de la maison, de l'autre côté de la route. Les recommandations de maman pleuvent : « Attention en traversant. N'allez pas trop bas, la rivière n'est peut-être pas complètement gelée. Tu t'occupes de ta p'tite sœur… »

Les grands, trois garçons du voisinage, dont un couple de jumeaux, ont mis leur traîneau de côté ; ils préfèrent qu'on s'entasse à trois dans une traîne sauvage. Ma sœur me délaisse pour prendre place dans une traîne avec deux garçons, dont un des jumeaux, celui qui n'en a que pour elle. « Emmenez ma sœur avec vous, crie-t-elle à ceux qui se partagent l'autre traîneau.

— Non ! Elle est trop plate, je ne veux pas glisser avec elle, répond l'autre jumeau.

– Ça va. On la prend », décide la fille adoptive de notre aimable voisine.

Nous dévalons la côte à toute vitesse. Les plus vieux s'en amusent, mais pas moi. Je ne veux plus être assise à l'avant. Je reçois trop de neige dans la figure. Puis, le garçon se moque de moi quand je pleure.

Je me sens de trop, une fois de plus. Je décide de rentrer à la maison. Je n'ai pas traversé la route que notre servante me demande, de la porte entrouverte, si je me suis fait mal. Je lui fais signe que non. « Dans ce cas, retourne jouer avec les autres. » Les autres ? Ils sont déjà très loin et je ne veux pas m'exposer une fois de plus à leurs moqueries. Appuyée contre un poteau de la clôture, je peux pleurer ma solitude sans retenue. Étrangement, les étendues de neige immaculée, les sapins si magnifiquement rehaussés de touches blanches, la ligne d'horizon dentelée ne m'apportent aucun réconfort. Ils se suffisent trop à eux-mêmes. Comme tous ceux que j'ai croisés depuis ce matin. J'ai froid aux pieds. J'aimerais bien aller me réchauffer, au moins. Je me hasarde vers la maison. Mais… Des cris montent du bas du vallon. Des cris de panique. De plus en plus désespérés. Je cours chercher de l'aide. La porte est verrouillée. Je frappe et je hurle. Papa apparaît à la fenêtre, me fait entrer. Mon affolement et mes gestes catastrophés le précipitent dehors, sitôt suivi de notre servante. Je voudrais les accompagner, mais maman me retient à la maison : « C'est ta sœur ? Les petits voisins ? » Je ne peux que hausser les épaules, je n'ai rien vu. Rivée à la fenêtre, maman est aussi anxieuse que moi. « Mais c'est bien long ! Qu'est-ce qui a bien pu se passer ? Pourvu que… » Du bas du vallon, la tête de notre servante surgit la première. Puis celle de papa… les bras chargés… Nous reconnaissons les pantalons de neige. C'est la fille de notre voisine qu'il ramène dans ses bras. Son corps est couvert du manteau de papa. Même sa tête. Maman échappe un sanglot, murmure : « Pourvu qu'elle ne soit pas morte. Mon Dieu ! Mon Dieu ! Pitié ! » Ma sœur et ses trois copains les suivent comme des condamnés. Je suis étonnée de voir qu'ils se dirigent tous vers notre maison. C'est de mauvais augure. Maman n'en pense pas moins, à l'angoisse qui crispe son visage. Elle sort sur la galerie. Ils sont tous muets, sauf papa qui ordonne de faire vite couler un bain tiède. « Venez, venez », dit notre servante aux garçons qui hésitent à entrer. Maman s'empresse de faire une place à la blessée sur la table couverte de papier d'emballage. La fille de notre voisine, les lèvres bleues, suffoque. Son corps est secoué de convulsions. Notre servante prend la relève pendant que papa va chercher une couverture de laine et lui retire ses bottes, qui se vident sur le plancher. La pauvre rescapée ne cesse de gémir. Débarrassée de ses vêtements glacés, emmaillotée comme un nouveau-né, elle est transportée dans la salle de bains. Maman l'y attendait. « Doucement, doucement », conseille-t-elle à notre servante. Les lamentations qui traversent la porte refermée nous arrachent des larmes. Les trois garçons, assis sur le tapis près de l'entrée, ne disent mot. N'osent même se regarder. Papa demande à l'un d'eux d'aller chercher notre voisine, mais ma sœur insiste pour le faire. Je la comprends. C'est sa meilleure amie qui a failli mourir noyée. Elle s'y rend avec l'ordre de ne rien raconter. Elle s'y est conformée puisque, en entrant, notre voisine est tout étonnée d'apercevoir les jeunes accroupis sur le tapis alors qu'aucune traîne sauvage ne se trouve près de la maison. Papa l'accueille et lui dit en me désignant : « C'est grâce à elle si on a pu sortir votre fille de l'eau… vivante.

— Ma fille ? Où est-elle ? »

Le regard de papa dirigé vers la salle de bains répond à sa question.

« Mais comment votre petite a-t-elle pu la secourir ? Je ne comprends pas…

— Elle était déjà remontée jusqu'à la clôture quand c'est arrivé. Personne n'aurait pu courir assez vite pour venir nous avertir à temps. » Elle me prend dans ses bras et m'étreint si fort que j'en ai le souffle coupé. Puis, elle se précipite vers la salle de bains d'où des sanglots ne tardent pas à nous parvenir. Des sanglots de bonheur, cette fois.

Les garçons n'en paraissent pas moins affligés. Honteux, je dirais. Parce qu'ils m'ont humiliée, je n'ai pas la compassion facile à leur égard. Papa s'approche d'eux et ordonne à ma sœur de les rejoindre. « Tu savais que tu ne devais pas t'aventurer près de la rivière, non ? Et vous ? Je suis sûr que vos parents aussi vous l'avaient défendu… »

Dépités, tous l'approuvent d'un signe de la tête.

« Vous réalisez que, deux minutes plus tard, votre amie aurait été emportée par le rapide ? »

Même les garçons reniflent.

« Ce n'est pas tout. Je devine que vous avez encore mis la p'tite de côté, hein ? »

Personne ne peut nier.

« Maintenant, vous allez rentrer chacun chez vous et ne pas en ressortir avant que je sois allé, avec mes filles, rencontrer vos parents. On a des choses à mettre au point… »

Notre voisine sort en même temps qu'eux pour aller chercher vêtements et médicaments. Elle s'attarde quelques instants à leur parler. Je serais étonnée qu'elle les gronde. Elle est si bonne, et puis sa fille n'est pas moins responsable que les autres.

Papa profite de son absence pour prendre ma sœur à part, dans un coin du salon. « Tu vas tout me raconter, maintenant. Sans mentir. Ce sera mieux pour toi avant qu'on aille questionner tes copains. » Ma sœur lui avoue, en pleurant, avoir cédé aux pressions de celui qui a le béguin pour elle et qui estimait que notre mère n'était qu'une peureuse, qu'il ne fallait pas l'écouter. Le fait que j'étais partie les a également incités à s'aventurer plus bas. Ils ont tous franchi la rivière trois ou quatre fois avant que la traîne des deux derniers file plus vers l'ouest et pique du nez. Le garçon assis derrière a pu s'agripper, mais pas elle…

Personne ne console ma sœur. Même si elle m'a mise de côté au début de l'après-midi, je ne puis tolérer qu'elle soit délaissée. Je prends place dans le fauteuil avec elle et passe mon bras autour de son cou. Guimauve vient nous rejoindre. À ma grande surprise, ma sœur la caresse. Par reconnaissance, j'imagine. Lorsque, dans les bras de maman, notre amie rescapée sort de la salle de bains, nous accourons. Notre élan est vite freiné par son visage tuméfié, ses mains et ses pieds emmaillotés et l'odeur médicamenteuse qu'elle dégage. Méconnaissable ! Sa mère, revenue avec des vêtements, semble toutefois rassurée. « Dans quelques semaines, elle pourra retourner à l'école. »

Ma sœur en est stupéfiée. « Ça va être long…

— Moins que si ta p'tite sœur et ton père n'avaient pu la sauver. »

Elle en convient et s'approche de son amie. Sa main demeure ouverte. « Il faut éviter de la toucher. Elle a mal partout, à cause de ses ecchymoses, mais surtout de ses brûlures.

— Ses brûlures ? »

Moi non plus, je n'y comprends rien.

« Je sais que ça vous semble curieux, mais il n'y a pas que le feu qui brûle. Le froid aussi. Surtout l'eau glacée. »

Notre amie aimerait dire quelque chose, mais la peau de son visage lui fait trop mal. Sa mère vient éponger avec d'infinies précautions les larmes qui glissent sur ses joues. « Il ne faut pas forcer, ma poulette. Tout le monde ici comprend que tu veux les remercier. » Les sanglots secouent ses épaules. Maman a une bonne idée : « Aimeriez-vous la faire reposer un peu sur mon lit, avec les filles ? » Notre amie le souhaitait. Allongées de chaque côté d'elle, nous ne sommes là que pour lui faciliter le sommeil, car, sitôt qu'elle est endormie, papa nous fait sortir de la chambre. En le voyant revenir vers nous avec nos habits de neige, nous comprenons que le moment redouté est arrivé. Notre père rassure les grandes personnes, mais pas nous. « Je ne m'attarderai pas plus qu'il faut. On devrait être de retour dans une trentaine de minutes. » Penaude, ma sœur suit mon père qui m'a donné la main. Nous nous arrêtons d'abord chez les parents des jumeaux. Ils nous attendaient. Les garçons, assis avec leurs trois sœurs sur le grand divan du salon, ont l'air craintif. Leur père vient au-devant de nous et nous invite à prendre place sur la causeuse demeurée libre. Papa préfère rester debout. « Les jumeaux, je veux entendre votre version. » L'un délègue l'autre et vice versa. Papa tranche : le frère de celui qui n'en a que pour ma sœur devra répondre le premier. « C'est de sa faute.

— T'étais pas obligé d'accepter.

— Je n'étais pas pour rester tout seul sur la côte... »

Ma sœur déclare : « C'est plus de ma faute à moi. Si j'avais écouté maman, personne ne serait allé vers la rivière. »

Le jumeau qui l'aime atténue : « Moi, je pense que les trois autres y seraient allés quand même.

— Bon, ça va. Il faut aller voir votre voisin, maintenant.

— Comment va la p'tite rescapée ? demande la maman des jumeaux.

— Elle va s'en sortir… Grâce à elle, précise-t-il en me désignant.

— Elle est surtout chanceuse d'avoir une mère aux doigts guérisseurs.

— Je sais. C'est elle qui a sauvé notre fils, l'automne passé. C'est pour ça que je suis content qu'elle doive la survie de sa fille à notre p'tite dernière. »

Papa a insisté pour qu'elle me rende hommage, mais en vain. Je n'en suis pas très surprise, elle fréquente la parenté qui ne m'aime pas.

Chez les parents de celui qui m'a traitée de « trop plate », la dame nous accueille de la galerie. « Venez vite vous réchauffer. Approche, ma p'tite, on t'a préparé quelque chose. »

Je lève les yeux vers papa… Il ne semble pas au courant. Ma sœur ne retient pas une moue de dépit.

« C'est notre fils qui a insisté pour te donner un des cadeaux qu'il devait recevoir à Noël. »

Ils sont déjà arrivés ? Chez lui aussi ? Et ils en connaissent le contenu ! La déception se lit à ce point sur mon visage que papa imagine que je suis très intimidée et m'exhorte, l'allure gaillarde, à accepter. Tous les regards sont braqués sur moi. Le colis est menu mais assez lourd. Le ruban doré glisse difficilement. Je ne veux pas briser le papier métallique vert. La dame s'avance. «Vas-y. Vas-y. Si tu le brises, ton papier, je t'en donnerai un autre.»

Ma sœur s'impatiente. Je soulève le couvercle de la petite boîte bordeaux avec précaution. Un papier de soie rose couvre... Je n'en crois pas mes yeux. Je porte l'objet précieux à ma bouche, souffle à peine, un son d'harmonium s'en échappe. Tout le monde applaudit. Je pince ma lèvre inférieure, comme je le fais toujours lorsque je suis très émue, et je me lance au cou de celui qui m'a offert mon premier harmonica. Les joues du jeune garçon s'empourprent. Son père explique: «Ça l'a toujours gêné de se faire embrasser... Je te félicite, ma p'tite. On n'est pas près d'oublier ce que tu as fait aujourd'hui. Puis toi non plus, mon cher.» Papa reçoit cette gratitude avec une modestie non dépourvue de dignité. Je préfère sa façon de recevoir les compliments à celle de maman: on ne sait jamais s'ils lui ont plu ou déplu. Ma sœur veut essayer mon harmonica. J'allais le lui prêter, mais notre père me l'interdit. «Pas maintenant. Ta grande sœur est en punition jusqu'à Noël.» Humiliée et contrariée, elle nous tourne le dos et replace sa tuque, prête à partir. «Je regrette, ma grande, mais on n'a pas entendu la version de ce beau jeune homme. Allez, mon garçon. Explique-nous comment c'est arrivé.

— Je n'ai pas écouté mes parents; ils m'avaient défendu, eux aussi, de glisser du côté de la rivière. J'aurais dû, au moins, m'asseoir à l'avant, dans la traîne. J'aurais été capable de m'agripper, moi, je suis bien plus fort que les filles...»

De son regard sévère fixé sur lui, mon père attend la suite. «T'aurais pas des excuses aussi à présenter à ma jeune demoiselle?

– J'y arrivais… Je te demande pardon. Je ne te dirai plus jamais de méchancetés, je te le promets. »

Je baisse les yeux. Comme mon père, je n'aime pas les scènes d'humiliation. Les deux mains croisées sur mon harmonica, je me dirige vers la porte où papa et ma sœur m'ont devancée. La bonne dame qui nous a si bien reçus s'inquiète : « Es-tu vraiment contente de ton cadeau, ma p'tite ? » Je lui réponds d'un large sourire, mais elle en fait peu de cas, pressée d'expliquer à mon père : « On a pensé lui donner ça, vu qu'elle ne… mais qu'elle semble aimer la musique. »

Je suis si indignée de la pitié que révèlent ces propos que je lancerais le cadeau sur le plancher et sortirais en claquant la porte.

À la maison, on attendait le retour de papa pour faire transporter notre amie chez elle. Je ne tarde pas, après son départ, à monter à ma chambre. Recroquevillée sur mon lit, mon harmonica sous mon oreiller, je colle ma chatte à mon ventre. Je me sens épuisée. Tant d'événements dans une seule journée ! D'une part, la satisfaction d'avoir contribué au sauvetage de notre amie et la reconnaissance qu'on m'a témoignée, d'autre part, deux grandes déceptions : en voulant rencontrer des anges, j'ai déplu à mon père ; en voulant sauver notre amie de la noyade, j'ai découvert que mes parents et nombre d'adultes me mentaient. Le père Noël n'existe pas. J'ai douté de son existence en trouvant le verre de lait et les biscuits intacts, la nuit dernière, et depuis, mes doutes ont été doublement confirmés : d'abord cet harmonica, puis, sur la table de la salle à manger, les morceaux de papier d'emballage et, dans le vaisselier dont une porte était restée entrouverte, d'autres boîtes qu'ils auraient pu emballer si je n'étais pas arrivée en hurlant. C'était pour se donner le temps de travailler en toute discrétion et de tout cacher qu'ils avaient verrouillé la porte.

Je suis très déçue. De notre servante, aussi. J'aurais aimé lui conserver toute ma confiance. Comme à mes parents. Je sens un grand vide au creux de mon ventre. Un vide qui me donne froid. Une solitude doublée d'impuissance. Comme cet oisillon qu'on a trouvé mort, l'été dernier, parce que sa mère l'avait précipité prématurément hors du nid. J'ai peur. Si peur de vivre de plus en plus de solitude en grandissant que je préférerais retourner d'où je viens. Mais pas dans le ventre de maman, parce que, tôt ou tard, je devrai en ressortir. Plus loin encore. Là où le Grand Ange distribuait des fleurs et des objets à peindre. Là où sont parties la grande amie de notre voisine et sa petite fille morte à trois ans. Comme je regrette que mon cousin préféré n'habite pas tout près de chez nous. Avec lui, j'aurais moins peur. Je me sentirais moins seule. Aucunement seule. J'ai si hâte de le revoir. Maman a dit qu'il viendrait avec ses parents pour le jour de l'An, s'il n'y a pas de tempête.

En me réveillant, ce 24 décembre au matin, je découvre qu'une fois de plus j'étais tombée dans un sommeil si profond, la veille, que mes parents ont dû me glisser sous mes couvertures… pour la nuit.

Une sorte de frénésie anime leurs gestes et leurs conversations. Papa est sur le point de partir avec notre servante qu'il va reconduire dans sa famille pour le temps des Fêtes. Je me suis levée juste à temps pour recevoir son étreinte. « Je vais revenir dans dix jours… pour un grand bout de temps. » Cette promesse qui se veut une consolation me chagrine. Elle me prépare à une longue absence de papa. Pourquoi faut-il que, depuis quelque temps, mes joies ressemblent à la marquise de porcelaine de maman ? Le front collé à la fenêtre qui donne sur la route, je regarde la voiture s'éloigner. Je prie les espaces qui, devant moi, se déploient en toute liberté de me ménager encore de ces plaisirs limpides... comme celui que je vais m'offrir à l'instant même avec ma sœur. Je presse sa main dans la mienne et l'entraîne dans ma chambre. De sous mon oreiller, je tire l'harmonica, que je lui tends. « Tu me le prêtes ! »

J'agite mes mains ouvertes en éventail.

« Tu... tu me le donnes ? »

Elle a bien compris.

« C'est pas vrai ! Tu es bien trop gentille... moi qui t'ai laissée de côté, hier. »

Je suis heureuse de la voir ainsi. Ma sœur court vers maman. « Quelle idée ! Elle vient juste de le recevoir. Tu es sûre qu'elle te le donne de bon cœur ?

— Oui, maman. Venez lui demander.

— Va me la chercher. »

J'emboîte le pas à ma sœur, mais pour rien au monde je ne tolérerai que cette joie soit écorchée comme l'ont été celles de la veille. À chacune des questions de maman, je me montre persuasive. Tant et si bien que, désormais, cet harmonica appartiendra à ma sœur qui me promet : « Je te le prêterai souvent. Chaque fois que tu le voudras. »

En apprenant la nouvelle, à son retour du village où il a trouvé un barbier libre, papa fronce les sourcils. Il me tourne le dos, colle son épaule à celle de maman et lui chuchote quelques mots à l'oreille. Maman hoche la tête. Je n'ai compris ce geste qu'au dépouillement de l'arbre de Noël. L'une des deux petites boîtes que papa avait glissées dans sa poche de manteau au magasin général contenait un harmonica, plus joli encore, plus brillant dans son boîtier couleur framboise et avec ses rangées de petits trous aux bordures dorées.

Complices dans la chanson, ma sœur et moi le deviendrons aussi dans l'apprentissage de cet instrument. Les deux autres cadeaux qui nous sont destinés auraient pu m'irriter si je n'avais reçu d'abord mon harmonica. Celui qui m'était donné par amour. Pas par pitié.

Nous déballons nos pelles ; la mienne est rouge, celle de ma sœur, noire. Puis ces deux boîtes qui se trouvaient sous le sapin depuis trois jours. Ma sœur en sort une jolie poupée blonde aux yeux mobiles, et moi, une poupée aux cheveux foncés, au regard fixe et au corps mou. « Les grands-parents qui aiment ma sœur ont beaucoup plus d'argent que mes parents », me dis-je en glissant la poupée au ventre et aux membres de paille dans la couchette de mon petit frère. Il lui sourit et moi, j'y renonce pour toujours. De toute manière, je n'aime pas jouer à la poupée. Quand ma sœur insiste, je n'accepte que si je peux mêler Guimauve à notre jeu. Ma chatte est et sera toujours mon jouet préféré. Nous nous comprenons si bien. Et mieux que personne, elle prend le temps de me câliner, sait me consoler quand j'ai de la peine et me faire rire quand je suis maussade. Mes parents ont déjà dit qu'en réalité elle est beaucoup plus vieille que moi. Je ne les crois pas. Guimauve n'a pas d'âge. Parfois, elle est une maman pour moi, parfois elle fait la gamine de cinq ans et, en d'autres moments, elle se comporte comme un bébé capricieux. Elle est unique, ma chatte. Irremplaçable. Si elle meurt, je mourrai aussi. Mon cousin préféré le sait. Et si je meurs avant elle, c'est lui qui la prendra.

Il est venu au jour de l'An, mon cousin. Ça m'a fait grand bien d'apprendre qu'il ne croyait plus au père Noël, lui non plus. Il l'a dit à ma sœur. Mais que le mensonge de ses parents ne le bouleverse pas m'a surprise. Serait-ce qu'il se sent plus fort que moi ? Serait-ce que le garçon qui me trouve « trop plate » a raison de dire que les gars sont toujours plus forts que les filles ? Ce serait donc pour cette raison que, lorsqu'elles sont devenues grandes, elles se cherchent toutes un homme pour habiter avec elles ?

La présence de mon cousin me rend si heureuse ! La neige tombe abondamment, mais il ne fait pas assez froid pour que nos parents nous interdisent d'aller jouer dehors. Comble de chance, ma sœur n'a pas le goût de nous accompagner et elle consent à nous prêter sa pelle. Bien emmitouflés, nous écoutons les recommandations qui nous sont faites et promettons, chacun à notre façon, de nous y soumettre. Comme il nous est interdit de traverser la route, j'entraîne mon cousin le plus loin possible de notre maison, juste en face de celle de notre aimable voisine. Après nous être roulés dans cette poudre blanche, nous entreprenons de creuser un immense trou dans la neige. Assez grand pour nous y abriter. Nous nous servons de nos mains, de nos pieds, de nos pelles pour y arriver. Blottis l'un contre l'autre dans ce repaire secret, nous savourons notre bien-être. Nos pelles aux manches enfoncés dans la neige nous tiennent lieu de sentinelles. Elles ont reçu ordre de ne laisser passer que les flocons de neige. Ravis de leur privilège, des flocons gros comme le bout de mon doigt viennent nous visiter : les uns dansent, virevoltent, s'évanouissent et réapparaissent, sortant on ne sait d'où. D'autres dessinent sur nos mitaines des étoiles de toutes les formes, se suspendent tantôt à nos cils, tantôt sur le bout de notre nez. Mon cousin tente d'attraper avec sa langue ceux qui se posent sur mes joues. Je l'imite. Nos langues s'effleurent, se touchent. C'est excitant. Nous nous amusons ensuite à laisser nos langues sorties pour cueillir le plus de flocons possible. Ils s'évanouissent trop vite, nous nous lassons et choisissons plutôt de leur faire un pont de nos langues jointes bout à bout. Nos nez se chatouillent. Plaisir inouï. Éclats de rire d'un si pur bonheur qu'ils fendent l'air et percutent la fenêtre de notre voisine. « Hé ! Les enfants ! Venez vous réchauffer. J'ai du bon sucre à la crème. » C'est l'euphorie totale. J'avais tant souhaité une telle invitation. Je tire mon cousin par le bras. Je veux qu'il coure de toutes ses forces tant j'ai peur que quelque chose ou quelqu'un nous empêche de nous rendre chez la plus merveilleuse des femmes du voisinage. Nous avons oublié nos pelles. Mon cousin veut faire demi-tour. Je m'y oppose fermement. Sa main coincée dans la mienne, il doit me suivre. Ouf ! La porte vient de se refermer derrière nous. Rieuse, notre hôte s'exclame : « Que vous êtes beaux à voir avec vos joues toutes rouges ! Mais enneigés comme vous l'êtes, vous allez devoir enlever vos salopettes, mes p'tits amis. Je vais les faire sécher... »

Je ne souhaitais rien de moins. Du temps avec elle, j'en réclamais depuis qu'elle avait guéri mon frère. Mon cousin m'observe, imite tous mes gestes. Nos vêtements de neige suspendus à la cheminée, la bonne dame tire deux chaises, pose sur la table trois verres de lait et une boîte de métal ronde décorée de biscuits de toutes sortes. Je me dis qu'elle s'est trompée de boîte, mais cela m'indiffère. Ce qui compte, c'est d'être près d'elle avec mon cousin. Elle le regarde, lui pince une joue et commence à parler avec lui de ses parents, de ses jeux préférés et, de fil en aiguille, des anges. Je m'avance sur le bord de ma chaise, le regard avide, l'oreille tendue. Elle a compris. « Tu en as déjà vu, des anges, mon p'tit bonhomme ?

— Oui, à l'église. Puis dans mon cahier de dictées. »

Elle réfléchit, regarde nos verres à moitié vides et ouvre enfin sa grosse boîte. Mon cousin et moi nous étirons vers le milieu de la table, impatients de voir et de humer. Surprise ! La boîte est remplie de carrés de sucre à la crème et de chocolat. « Vous avez droit à un morceau de chaque sorte. » Mon cousin en prend un et, en apercevant un morceau plus gros dans la boîte, veut l'échanger. « Non, mon p'tit homme. On ne fait pas ça. Tu gardes celui que tu as choisi. »

Intimidé, il fait une moue. J'allais lui donner le mien, mais elle me l'interdit. « S'il en veut encore, il en prendra un autre après avoir mangé celui qu'il a choisi. Vous êtes assez grands maintenant pour comprendre que… Attendez, je vais vous expliquer. J'ai une belle histoire à vous raconter. C'étaient deux petits anges qui s'aimaient beaucoup et qui avaient reçu du Grand Ange un message à apporter sur la terre. »

Nous nous regardons, déjà conquis par ce début de récit.

« Ils volaient au-dessus des villes, des campagnes, à la recherche de parents. Ils se croisaient, se perdaient de vue, se retrouvaient, le temps de se consoler de leur peu de succès, puis repartaient frapper à d'autres portes. Le Grand Ange, qui les observait de là-haut, leur dit: "Vous vous y prenez mal. C'est la nuit, pendant leur sommeil, qu'il faut aller visiter les parents. Et puis, ne comptez pas en trouver qui vous prendraient tous deux en même temps. Ils sont si rares! Vous vous épuiseriez à les chercher." Le cœur gros, les deux petits anges se font leurs adieux et repartent, chacun de son côté, à la recherche de maisons qui exhalent des odeurs d'amour et de bonne entente. Une nuit, un des anges s'approche d'une demeure qui semble en receler beaucoup. La maman a déjà un garçon. Elle aimerait en avoir un autre, mais son mari veut une fille. Le petit ange hésite. Veut-il être une fille? Porterait-il mieux son message que s'il était un garçon? Plus il s'approche des parents endormis, plus il se sent attiré. Il fait chaud dans la maison et des ondes d'amour flottent dans toutes les pièces. Doucement, il se taille une petite place au creux du lit, surveille le bon moment et parvient à chasser un rêve de la tête de la maman pour installer le sien. Ils se rencontrent, elle le trouve fort joli, mais lui conseille de revenir dans deux ans. Déçu, le petit ange reprend sa route. Surprise! Il croise son ami qui lui dit, tout essoufflé: "J'ai trouvé des parents formidables pour toi. Tiens. Ils sont là. Dans la maison blanche au toit rouge. Ils souhaitent un autre garçon." Ravi, le petit ange s'y dirige, espérant que son ami trouve un foyer pas trop éloigné du sien. L'accueil est si chaleureux que le petit ange a l'impression que ces parents l'attendaient depuis longtemps. L'ange sans parents poursuit sa recherche, voltigeant au-dessus des maisons sans s'arrêter à aucune d'elles jusqu'au jour où, pardessus les montagnes, il s'en dessine une encore plus attrayante que celle où vit maintenant son ami. Elle est grande, juchée sur un coteau et protégée par de superbes forêts. Y vivent une petite fille et des parents qui souhaitent tous deux la venue d'un autre enfant. L'ange a le goût, cette fois, de vivre une vie de fille. Il reviendra donc vers minuit et se glissera dans leurs rêves. Au lever, la maman raconte à son mari, qui l'écoute le souffle coupé, le rêve qui l'a charmée. Il a fait le même, à quelques détails près. »

Notre conteuse s'arrête, pose un regard insistant sur chacun de nous, comme si elle réclamait encore plus d'attention. Nous lui en avons accordé pourtant, sans broncher, tant nous étions captivés par son récit. Mon cousin veut savoir ce qui est arrivé aux anciens petits anges. Notre voisine s'apprêtait justement à nous l'apprendre. « Ils ont livré leur message, se sont croisés plusieurs fois pendant leur vie et se sont retrouvés pour toujours là où le Grand Ange les attendait pour les récompenser. »

Je suis si heureuse de ce dénouement que je n'aurais pas pensé poser d'autres questions. Mais mon cousin, oui. « C'était quoi, le message ?

— L'un devait apprendre aux gens de la terre qu'ils sont ici en visite seulement et qu'ils ont tous un rôle particulier à jouer. S'ils s'y appliquent aussi bien que tu le fais pour tes devoirs, ils seront encore plus heureux et plus beaux qu'avant.

— Et l'autre ?

— Ce que les gens ont de plus précieux en eux ne se dit pas avec des mots. »

Mon cousin fronce les sourcils. J'écarquille les yeux.

« Il faut le découvrir à travers leurs gestes, leurs actions, et même... leurs silences. Comme un trésor caché.

— Comme les jouets de ma cousine dans la corde de bois ?

— Tu as bien compris, mon p'tit homme. »

Émue, je m'accoude à la table, le visage niché au creux de mes mains. On frappe à la porte. C'est mon père. «Ah! vous êtes ici, vous autres! On vous cherchait.» Et, se tournant vers notre voisine: «Votre fille ne nous a pas dit qu'ils étaient chez vous, ces p'tits garnements. J'ai bien retrouvé leurs pelles, mais les traces de leurs bottes vers la route m'ont inquiété.

— C'est qu'ils étaient encore dans leur cachette quand ma fille a traversé chez vous. J'aurais dû vous prévenir, mais je perds la notion du temps quand je suis avec les enfants…

— Puis nous aussi quand on a de la visite rare à la maison.

— Un p'tit sucre à la crème, le temps qu'ils s'habillent?»

Papa en reprend un deuxième tant le premier, comme il dit, a vite fondu dans sa bouche. Je quitte cette demeure en emportant plus d'un trésor avec moi. Le plus beau est de savoir que mon cousin et moi avons déjà vécu ensemble, quand nous étions des anges, que nous nous sommes retrouvés et qu'après notre mort nous ne nous quitterons plus jamais. J'en suis si heureuse que j'ai l'impression d'avoir gardé mes ailes d'avant. Tirant mon cousin par la main, je dépasse papa et nous courons vers notre maison. Mon cousin court plus vite que moi, il me devance. Il est déjà engagé sur la route. «Non! Attendez! Une auto!» crie papa. Je vois bondir mon cousin du devant de la voiture au banc de neige tout près de l'escalier de notre maison. La voiture s'arrête, le conducteur rejoint papa aux côtés de mon cousin qui gît, la face dans la neige. Je n'ose plus avancer tant j'ai peur… Papa retourne sa tête doucement, soulève une de ses paupières… Un gémissement. D'autres plus audibles. «Maman! Maman! J'ai mal à ma jambe, maman.

– Montre-moi laquelle », lui demande papa.

Il est vivant ! Mais il pleure et se lamente. Je sanglote, la bouche cachée dans ma mitaine. Je décide d'aller chercher notre voisine. Je n'ai pas le temps de frapper à la porte qu'elle arrive et me prend par la main. « N'aie pas peur. Il ne mourra pas. Ce n'était qu'un avertissement. » Chez nous, tout le monde est dehors. La maman de mon cousin est agenouillée dans la neige, sans manteau et sans bottes. « Ce ne sera pas long, mon p'tit garçon. Le docteur s'en vient. Ne bouge pas. »

Papa cède sa place à notre voisine qui palpe les membres de mon cousin, son dos, son cou, et demande qu'on apporte une grande couverture. « La neige l'a sauvé. Il s'est peut-être cassé la jambe droite, mais je n'en suis pas sûre... »

Le conducteur de la voiture pleure. De soulagement ou parce qu'il a, lui aussi, un petit garçon de cet âge, me dis-je.

Le médecin confirme le diagnostic de notre voisine : « Vous ne rouliez sûrement pas vite, monsieur. Notre petit blessé s'en tire avec une seule fracture. Du tibia. »

Je me tiens toujours en retrait. Notre voisine l'a remarqué et me glisse quelques mots à l'oreille avant de retourner chez elle : « Promets-moi de ne pas te faire de peine avec cet accident. Je t'expliquerai quelque chose... plus tard. En attendant, essaie de penser à ce que je vous ai raconté cet après-midi. Je vais venir te chercher un de ces matins, quand les grandes seront à l'école. »

Mon cousin parti pour l'hôpital avec sa famille, maman se sert de l'événement pour justifier ses interdictions. « J'espère, les filles, que vous avez eu votre leçon une fois pour toutes. » Ma grande sœur a juste le temps de réclamer indulgence à mon égard que deux silhouettes apparaissent dans le portique. Je me précipite dans l'escalier, trébuche dans une marche, me heurte la jambe, mais poursuis ma course vers ma chambre. Fait inhabituel, ma sœur me suit. Les parentes entrent, affamées de détails, prodigues de commentaires : « Elle n'en fait qu'à sa tête, cette enfant-là », « Ce n'est pas parce qu'elle s'en va sur ses six ans qu'elle en a l'âge mental… », « Elle est dangereuse… »

Assise avec moi sur le bord de mon lit, ma sœur blottit ma tête sur sa poitrine et, de ses deux mains, me bouche les oreilles. « N'écoute pas. Ce n'est pas vrai ce qu'elles disent. Elles ne peuvent pas savoir… Je vais te défendre, moi. » Elle se lève, prête à le faire, mais papa a pris la parole : « Ça n'arrive pas qu'aux enfants, de manquer de prudence.

— C'est bien certain…

— En fait, il y a pire que la distraction et l'imprudence, continue-t-il à l'adresse de ma tante. Il n'y a pas de méchanceté là-dedans. Mais dans les passe-droits et certaines moqueries, par exemple… »

Un silence glacial monte jusqu'à ma chambre.

« Qu'est-ce que t'as prévu pour le souper ? demande-t-il à maman.

— Il y a un rôti de bœuf au four.

— Je vais préparer les légumes. »

Les deux parentes continuent à s'entretenir avec ma mère. À mi-voix. Ma sœur croit qu'elles vont bientôt partir. « Viens, on va colorier dans ma chambre. »

Je me fais prier.

« Je vais te prêter mes crayons neufs. Viens. »

Ma sœur me laisse choisir la page à colorier, l'objet et la couleur. « Elle est si gentille, me dis-je, qu'elle me fait penser au Grand Ange. Si elle était née la première, elle aurait laissé chacun libre de peindre ce qu'il voulait sur la grande toile. Les gens auraient été plus contents, il me semble. À moins que… Pour éviter des querelles. Ce doit être pour ça qu'il a choisi à leur place. »

« Puis ? On commence ? » demande-t-elle pour me sortir de mon accablement.

J'ai choisi une scène d'été et je me suis réservé les nuages, le papillon aux larges ailes et les fleurs. À ma sœur le soin de colorier la petite fille qui les cueille, le ciel et le soleil. Je me hâte d'habiller de rouge, de mauve et de vert les trois plus belles fleurs, je grisonne un peu les nuages et je m'offre un papillon aux ailes jaune et noir qui me transportera jusqu'à l'hôpital où on a conduit mon cousin ; j'aurai trois fleurs à lui donner : une de ma part, l'autre de la part de notre voisine et la troisième pour remercier son ange de l'avoir fait atterrir sur le gros banc de neige pour que sa blessure ne soit pas trop grave. Pour que sa visite sur terre ne soit pas déjà terminée. S'il avait fallu !… Je ne vois plus où va mon crayon. Sur notre page à colorier, mes larmes ont dessiné de petits cercles qui gonflent et prennent des formes d'étoile. Ma sœur n'aime pas que je pleure. « Arrête, je t'en prie. Ça me fait mal dans la gorge quand je te vois pleurer. Moi, je sais que c'est à cause de la neige que tu n'as pas entendu venir la camionnette. Papa l'a dit. La voisine aussi. Le docteur a promis que, dans un mois, plus rien ne paraîtrait. »

D'en bas, papa crie : « Venez souper, les filles.
– Je n'ai pas faim, papa.
– Amène ta p'tite sœur.
– Elle non plus n'a pas faim. »

Les deux parentes sont sur le départ. J'entends maman qui installe notre petit frère dans sa chaise haute. «Va donc les raisonner», demande-t-elle à papa. Il tarde un peu.

«Ah, je comprends! Vous vouliez finir de colorier votre page. Venez maintenant. J'ai préparé votre soupe préférée…

— De la soupe aux tomates!»

Ma sœur est gagnée. Pas moi. Papa revient. «T'as vraiment pas faim? Tu aimerais mieux te coucher? Qu'est-ce que tu dirais d'une bonne tasse de chocolat chaud? Je vais t'en préparer une.»

Papa m'a bien comprise. À maman que l'accident a rendue nerveuse et impatiente, il explique: «Je pense que l'après-midi l'a épuisée. Je lui fais un chocolat chaud. Ça devrait la calmer.

— Je veux dormir avec elle ce soir», dit ma sœur.

Maman n'y consent que très rarement. «C'est une bonne idée, ma grande. Je ne serais pas surprise que cette pauvre enfant fasse des cauchemars, cette nuit.» Puis, s'adressant à papa, elle déclare: «Je vais aller lui porter son chocolat quand il sera prêt.»

Je m'empresse de retirer du cahier la page coloriée et je l'emporte avec moi dans mon lit. Le fait que maman monte à ma chambre me rend anxieuse. J'appréhende ce qu'elle me dira, ses gestes, son air troublé. Je déteste ce malaise qui la submerge chaque fois qu'elle vit de grandes émotions. Il me fait souffrir. Je ferme les yeux pour ne pas que l'étau se resserre davantage dans ma poitrine.

Je glisse la feuille de papier sous mon oreiller et je m'enroule dans mes couvertures. Ma chatte me marche sur le dos, se coule dans mon cou et se fraie un chemin pour venir se blottir enfin contre moi. Ce que je donnerais pour m'endormir tout de suite. Je reconnais les pas de maman dans l'escalier, le bruit de la tasse déposée sur ma table de chevet, son long soupir. Sa main vient chercher sous le drap une de mes tresses qu'elle défait doucement. Sans dire un mot. Puis l'autre. Puis le premier bouton de ma blouse. « Tu vas être plus confortable comme ça. » Sa main se pose sur le côté de ma figure. « Regarde-moi un peu… » Je me tourne sur le dos, entrouvre les paupières. Elle est penchée sur moi. Son regard me supplie. « Toi qui es si familiarisée avec le silence, ouvre-toi à ce que le mien aimerait te dire aujourd'hui. » Je le lis dans ses yeux qui se mouillent et sur ses lèvres qui voudraient sourire. « Je t'en prie, maman, voudrais-je crier. Abats les murs qui t'emprisonnent, que je sois enfin libérée. J'ai mal à tous les mots que tu as retenus, à ceux que je n'ai pu murmurer, que je n'ai pu que chanter. J'ai mal à tous les cris que tu as étouffés, à ceux que je n'ai pu lancer. Ouvre tes bras, maman, enlace-moi, que je sorte de ma prison. Hurle ta douleur, maman, que je puisse enfin balbutier un peu de moi. Ouvre-moi ton ventre qui m'a portée dans la honte. Ton cœur a saigné de ne pouvoir m'aimer librement. Que je l'habite, cette fois, dans la dignité. Que chacun de ses battements me soit un "Je t'aime". Je sais, maman, aujourd'hui, j'ai une fois de plus ajouté à cette honte qui s'est incrustée dans ta chair au premier instant de mon existence et que tu ressens chaque fois que tu es mise face à mon "anormalité", tentée de la défendre, forcée de l'admettre. »

Maman sanglote, les coudes plantés sur ses genoux, la figure cachée dans ses mains.

Je crois que j'ai beaucoup pleuré, moi aussi. Et très fort. J'ai mal à la gorge. Je ne me souviens pas de tout.

Comme si une douleur profonde avait éclaté, vidant mon cerveau de sa lucidité. Il faut que ma mère sorte vite de ma chambre. Pour que je ne sois pas de nouveau accablée de ses chaînes. Quelques-unes m'ont quittée. Je le sais. Je me sens mieux. Plus légère. Plus libre. Comme lorsqu'il fait beau et que, les mains agrippées aux câbles jaunes de ma balançoire, je chante à pleine gorge une chanson dont je connais presque tous les mots. « Partez vite, maman. Aimez-moi assez pour ne pas me prendre une seconde de plus », disent mes mains qui remontent le drap au-dessus de ma tête. « Je te laisse… ton lait au chocolat… au cas où tu aurais envie de le boire. »

La porte de ma chambre est demeurée entrouverte et ma veilleuse, allumée. Ma chatte n'est plus là. Je tente de m'asseoir dans mon lit. Ma tête tourne. Je me reprends plus doucement, attrape ma tasse et avale quelques gorgées. C'est froid, mais ce n'est pas moins bon. Guimauve réapparaît, vient frôler de son museau le bord de la tasse que je penche pour lui en servir un peu. Elle donne une douzaine de petits coups de langue, me regarde et en reprend encore. Nous buvons chacune à notre tour. La tasse à moitié vide, je suis rassasiée. Je refais mon nid au creux de mon lit. Je ne souhaite plus que ma sœur vienne dormir avec moi. J'enfouis ma tête sous mon oreiller. Qu'on me laisse seule. Couchée sur le côté, mes cuisses collées à mon ventre, les bras croisés sur ma poitrine, je reprends contact avec cette nouveauté qui m'habite, je lui fais une place au cœur de mon existence. J'aime cet être que je suis devenue. Je repense à ce que papa m'a appris, à ce que notre voisine m'a révélé et je saisis mieux. Je crois que j'aimerai encore plus les chansons de papa, sa façon d'être avec nous, avec moi. J'approuve ses exhortations, à l'exception d'une : affronter ceux qui nous méprisent, oui, mais pas les deux parentes qui ne m'aiment pas. Je préfère fuir leur compagnie. Je trouverai des prétextes pour que maman et moi ne soyons pas simultanément en leur présence. Du moins tant qu'elle ne sera pas totalement sortie de sa prison. Mais je dois empêcher la tante qui ne m'aime pas de me prendre ma sœur...

Je soulève un coin de mon oreiller, puis le rabats aussitôt sur ma tête. De la cuisine montent des bruits de vaisselle et des bribes de conversation. Je ne veux rien entendre, préférant me plonger dans la reconstitution de cette formidable histoire des deux petits anges qui se cherchaient des parents. Je sais que c'est de mon cousin et de moi qu'elle parlait, je nous ai reconnus. Quelles belles tâches que les miennes ! Un peu plus et cette gentille dame me félicitait de ne pas parler. Mon nouveau moi s'y plaira-t-il autant ? Nous en causons. Nous verrons. Un doute se glisse dans mon esprit, puis une certitude : je dois apprendre à lire et à écrire.

*
* *

Depuis l'accident de mon cousin préféré, maman me regarde souvent d'un air étrange. Une lueur d'inquiétude. Un désir de m'aborder qui s'éteint comme la braise, quand vient la nuit. Faute, peut-être, d'en trouver la manière. Ou crainte de raviver une douleur que le silence engourdit.

Notre servante est revenue. Elle l'aurait fait même si papa n'était pas reparti pour plusieurs mois. Pendant qu'elle se charge de tout dans la maison, maman aide mon petit frère à faire ses premiers pas quand elle ne coud ou ne tricote pour le bébé qui grossit dans son ventre.

« C'est pour quand, celui-là ? lui demandent les grandes personnes.

— Vers la fin juillet…

— Tu vas en avoir plein les bras à l'automne.

— Vous oubliez que je vais avoir une grande fille à la maison pour m'aider.

— Tu ne l'envoies pas à l'école ?

— Je vais peut-être attendre à l'année prochaine…

— C'est vrai que, dans son cas, un an de plus ne lui nuira pas », admettent celles qui me font l'aumône d'un sourire indulgent.

Cette décision de mes parents m'apporte un grand soulagement : je ne serai probablement pas confiée à des médecins spécialistes dans les prochains mois. Par contre, je ne pourrai pas accompagner ma grande sœur à l'école pour la défendre contre sa maîtresse. J'avais hâte à ce jour, autant que d'apprendre à lire et à écrire. Inutile d'espérer que maman puisse m'enseigner avec deux bébés à la maison. À moins que notre voisine, ou notre servante, ne le fasse.

Dans la chambre de ma sœur, j'ai trouvé des cahiers d'exercices. Ceux de sa première année. J'en apporte deux sur la table de la salle à manger et je m'applique à calquer chacune des lettres écrites dans les premières pages. Notre servante s'approche, s'étonne. « Venez voir, ma tante, ce qu'elle a fait. Elle est très habile ! » dit-elle à maman qui jette un coup d'œil et l'approuve avec un soupçon d'enthousiasme.

« Aimerais-tu savoir le nom des lettres que tu viens de tracer ? »

Mon sourire la convainc.

Elle va ranger son couteau éplucheur sur le comptoir de la cuisine, tire une chaise et commence à m'expliquer : « La première, c'est un *i*. Pour t'en souvenir, tu n'as qu'à penser qu'on sourit quand on le prononce. »

Je la regarde, insistante. Sur mes lèvres, elle reconnaît la lettre *i*.

« Oui, c'est ça. J'ai oublié de préciser que tu n'es pas obligée de le dire tout haut. On continue. La deuxième, c'est un *o*. Il est rond comme notre bouche quand on reçoit un beau cadeau. Tu veux essayer avec ta bouche ? » Le coude appuyé sur la table, la tête dans ma main, j'hésite. En fait, je n'aime pas cette lettre. Elle me rappelle trop les nombreux privilèges que les parentes accordent à ma sœur. « Attends, j'ai une idée ! » s'exclame notre servante qui se lève et sort de la pièce. Elle revient avec un flacon de parfum qu'elle place devant moi, avec mon harmonica. « Je te le donne. Un cadeau parce que tu apprends bien. On essaie une autre fois ? Bravo ! »

Maman quitte sa machine à coudre et s'approche de la table. « Je vais t'en apprendre une troisième, ensuite, tu vas essayer de les écrire toute seule. C'est la lettre la plus facile de toutes. Attends. Je vais chercher quelque chose. »

Notre servante revient avec une chandelle allumée qu'elle pose au centre de la table. « Je place ma main derrière la flamme et toi, tu vas essayer de l'éteindre. » Le jeu est captivant. « Encore une fois. Bravo ! Tu viens de dire le *u*. Deux petits *i* collés… » Je pense : « Comme toi et ton amoureux. » Et je ris.

Maman a souri et va chercher dans un tiroir de bureau un cahier neuf, avec des lignes très étroites pour y écrire mes premières lettres. Je grimace. J'aime mieux celui de ma sœur. Il me reste assez d'espace pour m'exercer à écrire et, de plus, j'ai le sentiment d'être avec elle en écrivant dans son cahier. «Quand ça te tentera», me dit maman qui retourne à sa couture.

Soudain, je vois mon petit frère, qui marche maintenant à quatre pattes, se diriger vers la porte du sous-sol laissée entrouverte, par mégarde. En courant pour le retenir, je crie «maman!», mais ni elle ni moi n'arrivons à temps. Affolement. Course dans l'escalier du sous-sol où ma mère et notre servante ramassent mon petit frère, sans voix. Il est tout blanc. Je suis restée en haut de l'escalier. «La tête en bas…», dit notre servante.

Maman est remontée dans la cuisine et elle asperge d'eau froide le visage de mon petit frère. Une lamentation sort de ses lèvres cirées et bleutées. D'autres gémissements suivent, à peine audibles. Elle me prie d'aller chercher notre voisine. En souliers, sans manteau, une petite fiole et des tampons de ouate à la main, elle m'attrape le bras et nous volons vers la maison. Les informations de maman sont brèves, mais suffisantes pour la bonne dame qui verse quelques gouttes du liquide brunâtre sur la ouate et l'approche de ses narines. Ses paupières se soulèvent. Elle en ajoute quelques autres. L'effet est plus marqué encore, notre bébé pleure. «Il a perdu conscience, mais je ne crois pas qu'il ait une commotion cérébrale. Ce serait quand même prudent de demander au docteur de venir l'examiner. En attendant, tenez-le occupé et empêchez-le de dormir.

— J'imagine que vous n'avez pas le temps d'attendre avec nous que le docteur arrive? lui demande maman.

— Je pourrais toujours. Une expérience de plus dans mes bagages.»

Serait-ce qu'elle s'apprête à partir en voyage ? Pour le long voyage... vers l'Ange ? Je sais qu'elle serait assez parfaite pour aller le retrouver. Pourtant, elle devait me faire venir chez elle et m'expliquer ce qu'elle avait voulu me faire comprendre après l'accident de mon cousin.

Notre servante, qui n'a cessé de m'observer depuis la chute de mon petit frère, prend le cahier dans lequel j'ai tracé mes trois premières lettres et le montre à notre voisine. « C'est elle qui les a écrites sur cette ligne...

— Ça ne me surprend pas vraiment, déclare-t-elle, enchantée.

— Elle les a prononcées, en plus.

— C'est vrai, ça ? Tu veux le refaire pour moi ? » me demande-t-elle.

Je lui souris et, reprenant mon petit flacon de parfum et la chandelle éteinte, je répète l'exercice. Notre voisine acquiesce, sans mot dire, toute à ce discours intérieur que je crois deviner. Elle avait prévu ce qui vient d'arriver.

« Ce que vous ne savez pas est plus étonnant encore. Je l'ai bien entendu, elle a crié "maman !" quand elle a vu le p'tit se diriger vers l'escalier », lui apprend notre servante.

D'un geste de la tête, les yeux baissés, au bord des larmes, maman le lui confirme. Notre voisine reçoit la nouvelle d'un air avisé.

Je reprends ma place à la table, ouvre le cahier que maman m'a apporté. Son visage me dessine un large sourire. J'inscris d'abord le *i*, lettre que je préfère aux deux autres, puis le *o*.

« Tu veux refaire le *u* ? »

Je refuse.

« Aimerais-tu mieux une nouvelle lettre ? Le *a*, par exemple ? »

Je cours dans la chambre de mes parents et en rapporte une photo de papa que je place devant mon cahier.

« Ah, je comprends, fait notre voisine. Tu aimerais pouvoir écrire "papa". Ça va te prendre deux *a*. Comme ça. Puis un *p* devant chaque *a*. Tu es très chanceuse, parce qu'il est facile à écrire, ce mot. Tu n'as qu'à ajouter une petite queue à ton *a* et ça te donne un *p*. Mais d'abord, je veux que tu le répètes après moi. Regarde-moi bien. Tu pinces tes lèvres comme si tu ne voulais pas… Attends, je pense que j'ai ce qu'il faut dans ma poche. » Elle sort un bonbon, en développe la moitié et me l'offre. « Mets-le dans ta bouche et pince tes lèvres pour que personne ne puisse le voir. C'est ça. Deux fois de suite maintenant. » J'obéis pour avoir le plaisir de passer plus vite à l'écriture. Je n'ai qu'une idée en tête, écrire des dizaines de « papas », en remplir toutes les feuilles du cahier, les entourer de gros baisers pour que maman les lui envoie dans une grande enveloppe. Du coup, j'ai abandonné les autres lettres pour n'écrire que des « papas ». On m'observe, sans commenter. Au bas d'une première page que je juge suffisamment remplie, j'aligne une suite de *i* qui se tiennent… par la main. J'espère qu'il y verra le symbole du bonheur que me causera son retour.

Le médecin arrive. Le même qu'après l'accident de mon cousin. La même mallette à la main. La même voix rieuse mais si tonitruante que mon petit frère se cache la figure sur la poitrine de maman. « C'est lui, notre petit cow-boy ? » Il parvient tout de même à appliquer ses instruments là où il le faut et, avec l'aide de notre voisine, il peut examiner ses yeux à souhait. Après avoir fait rebondir un petit marteau sur ses genoux, inspecté la bosse sur sa tête, il conclut, rassurant : « Je ne vois aucune séquelle sérieuse, mais si vous remarquez quoi que ce soit d'inhabituel chez lui, comme des vomissements ou une tendance à la somnolence, vous m'appelez. »

Puis, se tournant vers moi : « Tout va bien chez cette belle fille là ? » Nos regards se croisent, bifurquent vers maman qui hoche la tête. « Elle fait du progrès, finit-elle par répondre.

— Elle a été malade ? demande-t-il, accroupi près de moi. Montre-moi où ça faisait mal. »

Maman s'empresse d'intervenir : « Non, non, docteur. Elle a bien meilleure santé depuis un an. C'est pas ça qui nous inquiète… »

Le médecin se relève, fixe maman, intrigué, et revient vers la table. Il regarde le cahier dans lequel j'ai tracé le même mot. « Elle a quel âge ?

— Six ans à l'automne prochain.

— Elle n'est pas sourde, précise notre servante.

— Vous devriez l'entendre chanter, ajoute notre voisine.

— Où est le problème, alors ?

— Elle ne… parle pas. Ou presque jamais…, explique maman.

— Très intéressant… Un beau cas… J'ai un confrère qui ne se ferait pas prier pour l'analyser. Voulez-vous que je lui en parle ? »

Maman a-t-elle accepté ? Devant son air presque convaincu, j'ai préféré m'enfuir dans ma chambre. Elle devrait savoir, pourtant, où j'ai mal. Là où elle-même tenait ses poings fermés le soir qu'elle m'a apporté mon lait au chocolat. Au creux de la poitrine. Que, pour sauver mon petit frère, j'aie crié son nom m'a plongée dans la confusion. J'éprouve à la fois un sentiment de délivrance et une grande déchirure. L'impression d'un impossible retour en arrière m'angoisse. De l'avoir appelée «maman» pour la première fois depuis que j'ai conscience de ma vie m'affole maintenant. J'ai ouvert ma porte à l'étrangère qui m'a mise au monde. J'ai amorcé un apprivoisement. J'ai peur. Devrai-je refaire le chemin qui m'a amenée à la vie? Était-ce un sentier ensoleillé qui serpente vers une source claire ou un chemin caillouteux qui aboutit dans un gouffre?

Le médecin a quitté la maison. La voisine m'appelle. «Viens-tu faire un tour chez moi? J'ai un peu de temps en attendant que ma fille revienne de l'école.» Je dévale l'escalier et, avant qu'elle ait fini de faire ses recommandations à maman, je suis prête à la suivre.

Dans sa cuisine, deux chaises berçantes se font face près de la fenêtre. L'une est sortie tout récemment de l'atelier de son mari pour leur fille adoptive. «Son autre était devenue trop petite… On a pensé te la donner.» Ravie, je regarde autour de moi, mais je ne la vois nulle part dans cette pièce. «Ne la cherche pas. Mon mari l'a apportée à l'atelier pour la solidifier et la revernir.» Sans doute nous avait-il vues arriver, car il se présente sur ces entrefaites, la petite chaise rutilante comme une neuve dans les bras. «Tiens, si tu veux l'essayer, me dit-il, suivant mes gestes d'un regard aimant. Tu te sens bien dedans?… Je savais. Amusez-vous bien. Moi, je retourne travailler.» Avant de sortir, il dit à sa femme: «J'oubliais: fais-le moi savoir quand elle sera prête à partir. J'irai porter la chaise chez elle.» Avec plein de tendresse dans les gestes, la voisine place ma chaise devant la sienne et range celle de sa fille dans un coin. « Viens t'asseoir. J'ai besoin de toi, cet après-midi. » J'en suis fort étonnée. Aucune grande personne n'a jamais eu besoin de moi, sinon pour surveiller mon petit frère ou essuyer la vaisselle. Quand papa m'a demandé de l'aider à préparer une fête pour ma grande sœur, c'était pour me faire plaisir. Il est si fort et il sait tout faire, mon père. La femme du menuisier sort de son panier à tricot un grand chandail aux coudes troués. « Tu vas tenir le haut de la manche pendant que je tire sur la laine et la pelotonne. » La grosse pièce déposée sur mes genoux me sert d'accoudoir tant elle prend de place. Je pince fermement le tricot entre le pouce et l'index. Le rythme lancé, j'essaie de régler le balancement de ma berçante à celui de la grande chaise. Impossible. De plus, chaque fois que je m'y applique, j'échappe la manche. Je laisse donc à notre voisine le privilège de se bercer, j'en ai d'autres encore plus précieux. « Tu as deviné pourquoi je défais les manches de ce chandail ? »

Je hoche la tête lentement pour montrer mon incertitude.

« Tu as remarqué comme le tricot était usé à cet endroit. Je vais refaire la manche, en partant en haut du coude, avec une laine d'une autre couleur. Tu choisirais laquelle, toi ? »

Le chandail sur les genoux de la bonne dame, je fouille dans son panier et en sors une pelote orange. « De l'orangé avec du noir, c'est vrai que c'est beau. » Je suis très flattée. « On va le prendre pour un monarque quand il va sortir avec son nouveau chandail… Il va faire des jaloux, mon homme ! »

Je fronce les sourcils.

« Tu le connais, ce papillon aux ailes noir et orange. Je t'ai vu plus d'une fois courir pour en attraper un. Si, un jour, je réussis à en capturer un, j'irai te le montrer. À la condition que tu le laisses repartir. Je n'approuve pas ceux qui emprisonnent ces petites bêtes dans un bocal pour le seul plaisir de les posséder. Elles ont une tâche à accomplir, tu te souviens du partage du Grand Ange ? Les insectes, comme tout ce qui existe, ont une mission à remplir. C'est pour ça qu'il faut leur laisser leur liberté. »

Est-ce à dire que, si elle était à la place de mes parents, elle me laisserait libre de refuser ou d'accepter d'être vue par un médecin spécialiste ? Mon regard l'interroge.

« Ça me donne envie de t'expliquer quelque chose. Si tu trouves ça ennuyant, tu me le fais savoir. Tu te rappelles, quand ton petit frère est venu au monde, il avait tous ses membres, ses cinq sens et il était en bonne santé. Ce qui lui manquait, comme à tous les nouveau-nés, c'est ce qu'on appelle l'autonomie ou la capacité. Celle de manger seul, de s'habiller seul, de marcher, de dire ce qu'il veut... Ces capacités sont comme les outils du menuisier : plus ils sont de qualité, plus le travail sera facile et réussi. »

Je suis fascinée.

« Dans la vie, la liberté est un trésor plus précieux que l'argent. Tellement que, si on n'a pas beaucoup de liberté, on ne pourra pas gagner beaucoup d'argent. On ne sera pas très heureux non plus. »

Elle fait une pause. La première manche est suffisamment détricotée. Nous passons à la deuxième.

« Tu vois, j'avais la liberté de mettre ce chandail à la poubelle ou de le réparer. J'ai choisi de lui refaire des manches, plus solides, et toi, tu as choisi une couleur qui le rend plus beau qu'avant. Tu comprends ? »

Mon sourire le lui confirme.

« C'est comme la fracture de ton cousin. Savais-tu que son os va devenir si fort que plus jamais il ne cassera ? »

Mon air sceptique l'incite à poursuivre.

« Tous les médecins le disent. Sans même que ton cousin y pense, son corps a si bien travaillé à réparer son os brisé qu'il l'a rendu plus solide qu'avant. Cette fracture l'a embelli, même. Son cœur surtout. Tu vas t'en rendre compte… Ça paraît dans les yeux… C'est un p'tit garçon très spécial, ton cousin. C'est tout ça que je voulais te dire après son accident. »

Une chaleur m'enveloppe le cœur. Me monte au visage.

« Tu as de la chance qu'il soit ton meilleur ami. Tu le sais déjà, mais tu comprendras mieux quand tu seras un peu plus vieille. »

J'aimerais qu'elle cesse de me parler de lui tant je suis émue. Je pense même que je vais partir aussitôt qu'on aura rendu cette manche aussi courte que l'autre. On y est presque, il me semble.

« Aimerais-tu qu'on lui envoie une lettre ? »

J'essaie de dissimuler cette larme au coin de mon œil droit et l'autre sur ma joue.

« Donne-moi ce chandail et viens à la table avec moi. »

D'un tiroir de la superbe armoire en bois blond que son mari lui a fabriquée, elle sort une enveloppe et du papier à lettres.

« L'année prochaine, peut-être, tu seras capable d'écrire plein de mots toute seule. Aujourd'hui, je vais le faire à ta place, et toi, tu vas m'indiquer si c'est ce que tu aimerais lui dire. »

J'acquiesce.

« Mon cher cousin. Tu te rappelles notre voisine ? Elle nous avait donné du sucre à la crème, la dernière fois que tu es venu chez nous… C'est elle qui écrit cette lettre pour moi. Elle m'a dit que, dans dix jours, le médecin devrait t'enlever ton plâtre. Que tu pourras recommencer à marcher, puis, une semaine après, à courir. »

Son regard se détache de la feuille et se tourne vers moi, s'attarde. Je voudrais partir.

« J'ai eu beaucoup de peine. Mais notre voisine m'a juré que tu ne m'en voulais pas. J'aimerais que tu me le dises toi-même quand tu vas revenir chez nous. J'ai tellement hâte de te revoir. »

Elle s'arrête de nouveau, cherche sur mon visage la joie anticipée de revoir mon cousin et me dit :

« Tu sais que ce sera Pâques dans deux mois. Je ne serais pas surprise que tu reçoives sa visite. Ils viennent presque toujours à cette occasion-là. »

Elle a réussi à me remettre le cœur à la fête.

« On continue ? »

Je suis d'accord.

« Ma voisine a dit aussi qu'à cause de ta fracture tu serais plus fort et encore plus beau qu'avant. Que j'ai de la chance que tu sois mon meilleur ami ! Elle te recommande de penser souvent à ce qu'elle nous a raconté au sujet des deux petits anges qui se cherchaient des parents. Tu te souviens ? Ils avaient un message à apporter pendant leur visite sur la terre.

« Je t'envoie de gros bisous et j'espère que tu viendras nous voir à Pâques. »

Elle porte la main à son menton, relit son texte et me demande : « Ça va comme ça ? »

Je lui emprunte son stylo et trace tout autour de la page une guirlande de *i*, puis une autre de *o*.

« Oh ! Mais j'oubliais de lui dire que tu avais commencé à lire et à écrire. »

Elle ajoute quelques mots sur la feuille avant de la plier, puis la glisse dans l'enveloppe sur laquelle elle inscrit, sans hésiter, l'adresse complète de mon cousin. Je la regarde, étonnée.

« Tu ne savais peut-être pas, mais je suis allée chez les parents de ton cousin quand son frère aîné est venu au monde. Ta tante était très malade. On a réussi à la sauver. Bon. Demain matin, je mets ta lettre à la poste. »

Qu'elle le fasse à l'insu de mes parents me surprend… et me plaît. J'aime cette complicité qui prend toutes sortes de formes entre elle et moi. Je me sens importante à ses yeux, traitée comme une grande fille qui peut se donner quelques libertés.

« Je te remercie de ton aide, ma grande. Maintenant, tu vas t'habiller et aller avertir mon mari… »

Je suis très intimidée par cet homme. Elle le comprend à me voir coller mon menton sur ma poitrine.

« Un petit effort. Il faut que tu t'habitues à aller vers les gens. Il est gentil, tu vas voir. »

J'aurais envie de m'enfuir sans passer par l'atelier, mais je sais qu'elle me surveille par la fenêtre et je ne veux pas la décevoir. La clenche résiste. Je donne trois coups de pied sur le bas de la porte. Le menuisier arrive, les épaules couvertes de bran de scie. « Bonjour, mademoiselle ! Tu es prête à retourner chez vous ? » Il me prend par la main et me ramène à sa maison. « Viens ici une minute. Assis-toi. Tiens-toi bien aux bras de ta chaise. » Et le voilà qui me transporte chez mes parents comme une princesse dans son fauteuil. Une certaine crainte de tomber et une joie folle me font rire aux éclats.

*
* *

Le soleil dévore la neige jour après jour. Des grandes personnes prétendent que les chantiers vont se vider de moitié et qu'il serait temps d'entailler les érables. Papa est peut-être sur le point de revenir… N'aurait-il pas hâte de voir si c'est bien moi qui ai rempli, sans aide, une autre page des mots que je sais reconnaître dans tous les livres : papa, bébé, ami, minou, lune, rire. Ma cousine m'en apprend de nouveaux chaque jour, après le dîner, pendant que maman fait sa sieste avec mon petit frère. Peut-être mes deux… Celui qui se cache dans son ventre pourrait bien être un garçon. Mes parents s'aiment tellement que je pense qu'ils empliraient la maison d'enfants si papa n'était pas absent l'hiver. Pour maman, c'est mieux qu'il ne soit pas là chaque fois que vient l'heure charmeuse ; j'aurais peur que son ventre devienne trop lourd et se brise à porter des bébés. Pour ma sœur et moi aussi c'est préférable, même si papa nous manque beaucoup ; nous aurions encore moins de temps pour jouer et chanter ensemble s'il fallait que nous ayons à amuser trois ou quatre bébés.

Pour une fois, je souhaite la visite de la tante qui ne m'aime pas. C'est elle qui sème les nouvelles dans le canton. Elle apprend tout avant les autres. Peut-être nous dirait-elle que papa est déjà en route.

Comme d'habitude après le dîner, j'apporte sur la table mon cahier et les vieux livres de lecture de ma sœur.

Maman regarde notre servante d'un air étrange. « Explique-lui... le temps que je me prépare. »

Elle pousse mes cahiers au centre de la table et me demande de la regarder.

« Ta maman et toi allez, avec ton oncle, rendre visite à une dame très gentille... Elle a des doigts magiques. Des doigts qui guérissent toutes les maladies. »

Je me précipite dans ma chambre, referme la porte derrière moi. Notre servante me suit.

« Il ne faut pas avoir peur, elle ne te fera pas mal. Elle va seulement t'aider à dire plus de mots. Tu vas voir, elle n'est pas comme le docteur. Elle n'a pas de petite valise pleine d'instruments. »

Je reste la figure cachée dans mon oreiller. Ma cousine va vers ma garde-robe, puis vers mon tiroir de vêtements.

« Regarde ce que tu as le droit de porter aujourd'hui. La robe que tu aimes le plus... Puis, tu pourras prendre le petit sac à main de ta sœur. Elle te le donne... »

Je ne bronche pas. Tant de largesses éveillent ma méfiance.

« J'ai une belle surprise pour toi si tu viens t'habiller. »
Peine perdue.
« Une lettre pour toi... »
Cette fois, je ne peux résister. De qui me vient cette lettre ? Assise sur le bord de mon lit, je constate la présence d'une enveloppe dans la poche du tablier de notre servante.

« Si tu savais de qui elle vient, tu serais folle de joie. Je te la donne si tu me promets d'aller avec ta maman et de faire ce que la dame va te demander. »

Je m'indigne. De quel droit s'emparent-elles d'une joie que je voudrais savourer dans toute sa pureté pour me forcer à obéir ? Ma cousine me retire mon chandail, mes pantalons et mes chaussettes, puis m'enfile la robe et les bas qu'elle m'a choisis. Je l'aurai au moins obligée à le faire elle-même.

Elle dépose l'enveloppe sur mon lit, juste à côté de moi. Je la regarde, mais refuse de la prendre. Pas tout de suite. Pas avant de m'être débarrassée des contraintes qu'elles m'imposent.

« Bon, je vais la remettre à ta maman dans ce cas-là. Descendons vite, je pense que ton oncle est arrivé. J'ai entendu fermer une portière d'auto. »

Faible consolation, cet oncle, le mari de la tante qui ne m'aime pas, est très gentil. Il rit tout le temps et adore nous taquiner. « Oh ! Que mademoiselle est jolie ! Je suis gêné de la faire monter dans ma vieille bagnole. »

Il m'a arraché un sourire. Maman est très songeuse. Endimanchée, elle a mis du rose sur ses joues et du rouge sur ses lèvres. Elle est belle. Très belle, même si son manteau est trop serré. Notre servante lui remet l'enveloppe. Au moment où maman allait la glisser dans son sac à main, je la saisis. J'ai décidé de la garder avec moi. Je la tiens collée à ma poitrine. On dirait qu'il y a autre chose avec la feuille de papier…

Assise seule sur le siège arrière de la voiture, je palpe l'enveloppe et essaie de deviner de qui elle vient. Je réussis ainsi à me distraire du déplaisir que me cause cette sortie. Nous venons de descendre une côte très abrupte, en remontons une autre plus à pic encore. Maman dit à son frère qu'elle ne se serait pas rendue chez cette dame en plein hiver, là, en haut de cette côte. Une maison de bardeaux, grise de partout, très éloignée de la route. Une légère fumée blanche sort de la cheminée. Mon oncle vient nous ouvrir les portières, mais il retourne s'asseoir dans sa voiture : « J'aime autant vous attendre ici. Il y a de la bonne musique à la radio. » Je comprends que, s'il choisit de ne pas entrer avec nous, c'est qu'il n'y a pas de place pour le plaisir dans cette maison. J'aurais tant aimé qu'il nous accompagne.

Au pied de l'escalier, maman prend ma main. Elle a deviné la tentation que j'éprouve de retourner auprès de mon oncle. « Viens, ce ne sera pas long et ça ne fera pas mal. » La porte s'ouvre et apparaît une dame beaucoup plus âgée, plus grande et plus grosse que maman, tout de noir vêtue. Quelle étrangeté, elle a de la barbe ! Répulsion et appréhension me paralysent. « C'est pour ma fille », l'informe ma mère. De la tête, elle nous fait signe de la suivre. Nous entrons dans une pièce sombre où elle allume deux chandelles. Deux fois elle tape de la main sur un petit lit haut perché recouvert d'un drap blanc. Maman m'aide à y grimper. La dame en noir m'y allonge, joint ses mains sur sa poitrine. Les yeux clos, elle prie. Sa prière terminée, elle se dirige vers la petite table aux chandelles, pointe une allumette dans un minuscule vase doré d'où s'échappe une odeur d'église, puis revient vers moi. « Où est-ce que ça fait mal ? » Maman s'empresse d'expliquer : « Elle était très maladive jusqu'à l'âge de cinq ans, mais depuis, elle prend le dessus. Le problème, c'est qu'elle devrait commencer l'école à l'automne, mais… elle ne parle pas. Et pourtant elle chante. »

L'étonnement se lit dans ses petits yeux couleur de charbon. Elle lève sa main gauche, effleure mes oreilles, ma gorge, et la pose doucement sur mon front. Puis, elle ferme les yeux et promène ses mains au-dessus de mon corps, sans me toucher. Elle le fait au moins une dizaine de fois. Elle ouvre les yeux et, fixant maman, pince les lèvres, visiblement décontenancée. « Ma p'tite dame, il n'est pas là, son problème. » Elle se retourne vers moi et m'annonce : « On a fini avec toi, ma belle. Tu peux aller nous attendre dans la cuisine. »

La voix chevrotante, maman suggère : « Si ça ne vous dérange pas, j'aimerais mieux qu'elle aille rejoindre son oncle dans la voiture. »

Déception. De la cuisine, j'aurais peut-être pu suivre la conversation, même si la porte était fermée. Combien de fois j'ai entendu des choses à l'insu des grandes personnes ! Maman semble s'en douter puisque, malgré ma résistance, elle insiste pour que je sorte de la maison.

Mon oncle a beau multiplier ses plaisanteries, je trouve que maman tarde beaucoup. Et lorsqu'elle revient, même si elle sourit à la dame qui referme la porte derrière elle, ses yeux rougis ne la trahissent pas moins. J'en suis si troublée que je n'ai même plus le goût d'ouvrir l'enveloppe que j'avais cachée dans mon petit sac à main. Qu'est-ce que cette dame a pu lui dire de méchant ? Malgré son apparence plus que repoussante, je ne l'avais pourtant pas détestée, mais je crois que j'aurais dû. Je n'aurais jamais imaginé que cette visite puisse affliger ma mère. Comme elle doit regretter… Je le vois au temps que mon oncle met à la faire rire. J'attendais ce retour à la gaieté pour déchirer un coin de mon enveloppe. Un papier recouvre quelque chose de plus rigide. Je déchire un peu plus, encore, tout le rabat, finalement. Je sors le contenu, relève la partie de la page écrite qui cache… Je n'arrive pas à le croire ! Je crierais de joie. J'embrasse la photo, son visage. Je ne m'en rassasie pas. Il est encore plus beau que la dernière fois que je l'ai vu. Notre voisine avait raison. Il semble complètement guéri, debout sur ses deux jambes et souriant comme avant l'accident. Une photo de mon cousin, je n'en ai jamais eu. Et c'est à moi seule qu'elle est envoyée. Elle ne me quittera jamais. Le jour, dans le petit sac à main que ma sœur avait reçu pour ses six ans, la nuit, sous mon oreiller. Nous ne serons plus jamais séparés. Je glisse l'enveloppe et la lettre dans mon sac à main, mais garde la photo sur mes genoux. Plus je la contemple, plus je suis persuadée que c'est à moi qu'il pensait lorsque sa mère l'a photographié. Ses yeux me le disent. Il a choisi de porter des pantalons courts pour me montrer que sa jambe est parfaitement guérie. En dépit de cette certitude, je regrette de ne pouvoir lire ce qu'il m'écrit. Et si j'essayais ? Ma tante a une belle écriture. Je reconnais toutes les lettres que notre servante m'a enseignées. Au dos, une dentelle de *i* et de *o* répond à la mienne. C'est mon cousin qui l'a tracée. Ses *o* sont moins ronds que ceux de sa mère. C'est lui qui a écrit la dernière ligne et signé son nom.

L'idée me vient de dissimuler le tout et de me faire lire cette lettre par notre voisine. Je me sentirais moins intimidée que si c'était maman. Pourvu qu'elle l'oublie. Je ne voudrais pas lui faire de peine, elle en a assez eu chez la dame barbue.

Notre retour réjouit notre servante, mais les hochements de tête de maman en réponse à ses questions ont vite fait de l'inquiéter. Qu'en sera-t-il lorsqu'elle apprendra que non seulement les doigts prétendument magiques n'ont rien changé en moi, mais qu'ils ont blessé ma mère ? Je me dirige vers ma chambre pour favoriser leurs confidences. Du haut de l'escalier, j'entends ma cousine dire à ma mère : « À ce que je vois, le voyage n'en valait pas la peine…

— L'avenir nous le dira… Il paraît que le déblocage pourrait se faire graduellement.

— Mais comment ? »

Silence.

« Pensez-vous que je devrais continuer les exercices avec elle ? demande notre servante.

— Ça ne peut sûrement pas nuire, mais d'après elle, ce ne sera pas suffisant.

— Qu'est-ce qu'il faudrait de plus ? Vous l'a-t-elle dit ? »

Autre silence, que rompt l'arrivée fracassante de ma grande sœur. « Maman, je voudrais aller tout de suite chez mon amie. Sa chatte vient d'avoir ses bébés.

— Tu reviens pour cinq heures. »

J'enfouis mon enveloppe et la photo dans mon sac à main, passe la courroie sur mon épaule, dégringole l'escalier, enfile mes bottes, attrape mon manteau et cours derrière elle. L'occasion souhaitée m'est donnée. Notre servante nous interpelle : « Attends ta p'tite sœur. Regardez bien avant de traverser. »

J'ai eu peur qu'elle ne m'ordonne de revenir à la maison. Notre voisine nous reçoit chaleureusement. « Venez voir. Doucement, quand même, pour ne pas apeurer la maman. Je pense qu'elle a encore un chaton dans son ventre. »

Sous l'escalier qui mène au grenier, nous voilà toutes quatre accroupies autour du tapis sur lequel la chatte met bas. Je suis très étonnée, presque dégoûtée. Ils ne sont vraiment pas beaux, ses chatons. Leur peau gluante… On dirait qu'ils n'ont pas de poils. Puis, ils me font pitié à ramper et à se lamenter pour avoir leur place autour de leur mère. Ils se bousculent, tombent à la renverse et essaient péniblement d'atteindre les tétines de la chatte. Chacun vient tout juste d'en attraper une qu'elle se lève et va un peu plus loin sur le tapis. « J'avais raison. Elle va nous donner son p'tit dernier », chuchote notre voisine. La chatte s'allonge, se lamente. Son ventre se crispe, puis des secousses l'agitent. Une petite tête de souris apparaît sous sa queue. Son ventre se crispe de nouveau. Je voudrais mieux voir. Notre voisine me cède sa place. Je le regrette aussitôt. Ce que je découvre me donne envie de vomir. Je reviens près de ma sœur, un peu plus charmée par deux des quatre chatons qui pleurnichent, le noir et le gris; leur poil a séché et ils sont presque beaux. Le cinquième est à se faire lécher par sa mère. Il ressemble aux vaches d'un de nos voisins avec ses grosses taches noires sur son poil blanc. Une pensée me saisit, me glace. Serait-ce ainsi que se passe la naissance des humains ? Je ne peux me résigner à cette probabilité. Trop d'éléments me répugnent. Si, au moins, les enfants sortaient par le nombril ou par le cœur des mamans, j'accepterais mieux qu'ils arrivent aussi gluants. Comment savoir sans le demander ? Les livres ! Il faut que j'apprenne à lire.

Je m'éloigne de la scène. Notre voisine en est surprise. « Il vous reste encore dix minutes, tu sais… Tu veux t'en aller ? »

Elle finit par comprendre que je veux l'entraîner à l'écart. J'entrouvre mon sac à main. « Ah ! Je comprends, murmure-t-elle. T'as reçu une réponse de ton cousin… Tu aimerais que je te la lise ? Viens, on va descendre à la cuisine. »

Debout près de la chaise où elle s'est assise, je me colle à son bras. « Viens t'asseoir sur mes genoux, tu vas mieux voir. »

Du doigt, elle désigne chaque mot qu'elle lit. Je suis déjà très émue à la première ligne :

Ma petite cousine adorée,

Maman t'écrit pour te remercier de ta lettre et pour te dire que ma jambe est toute guérie. Comme tu verras sur la photo que je t'envoie, je n'ai plus de plâtre et je peux courir comme avant. Plus vite même. Tu verras quand on va aller chez mes grands-parents, à Pâques peut-être. Je vais traverser chez toi à la vitesse de l'éclair, comme dit papa. Mais il faut que j'aie de belles notes dans mon bulletin. Maman a peur que je doive reprendre ma première année parce que j'ai été absent pendant un mois. Mais moi, je sais que je vais réussir. J'ai tellement hâte de savoir lire et écrire tout ce que je veux. Je te montrerai.

Je prends le doigt de la dame et le replace sous la ligne qu'elle vient de lire.

« Je sais, toi aussi tu le voudrais bien. Je peux t'aider de temps en temps, mais j'aimerais quand même que tu fasses des efforts pour parler, aussi. »

Sans que je les aie senties monter, les larmes coulent à flots sur mes joues. Ce souhait me blesse chaque fois que je l'entends, mais plus encore de la part de celle qui, je le croyais, me comprenait mieux que quiconque.

« Je ne voulais pas te faire de peine, ma p'tite. Mais peut-être faut-il que tu les laisses sortir, toutes ces larmes, pour arriver enfin à parler. Je ne sais pas, moi non plus, ce qui ne va pas. Tous ceux qui t'aiment cherchent pour toi. »

Une de mes larmes est venue dessiner un cercle dentelé sur le bas de la feuille.

« Regarde donc ça ! Juste sur la ligne où ton cousin te demandait de lui envoyer une photo de toi… Oh ! Il est cinq heures. On terminera la lecture un autre jour, d'accord ? »

Elle veut me rendre la lettre, j'hésite. Je préférerais qu'elle la garde. « Apporte-la. Tu es assez grande pour en prendre soin. » Je vais la cacher. Aussi, de l'avoir avec moi me permettra d'examiner comment s'écrit *ma petite cousine adorée* et de m'exercer à reproduire ces mots. Il ne restera qu'à changer cousine pour cousin.

Ce soir-là, je regarde le ventre de maman plus que d'habitude. Tellement qu'elle jette un coup d'œil à sa jupe, la croyant tachée, j'imagine. Elle se met ensuite à accabler ma sœur de questions à propos de notre visite chez la voisine. Un malaise évident sur son visage. Comme si elle n'approuvait pas que nous ayons été témoins de cet événement. Serait-ce que c'est ainsi qu'elle mettra au monde le bébé qu'elle porte ? Je ne sais plus si j'ai encore hâte d'être une grande personne. Du coup, je n'ai plus faim. Notre servante s'étonne. « Le trouvez-vous bon, mon macaroni aux tomates ? demande-t-elle à ma mère.

– Très bon ! La voisine a dû leur donner des gâteries, encore.

– Non, maman. Même pas une bouchée de pain », affirme ma sœur.

Les deux femmes se regardent et décident de ne pas insister. Notre servante balbutie : « Dure journée pour elle… »

J'en déduis que maman lui a tout raconté de notre visite. J'aurais mieux fait de rester à la maison. Toutefois, si j'étais restée, je ne saurais pas encore que mon cousin m'appelle sa «petite cousine adorée». Je résiste difficilement à l'envie de monter tout de suite à ma chambre et d'essayer d'écrire ces mots qui m'apportent une chaleur au cœur et au ventre. Pour amener maman à souhaiter que je m'éclipse, je m'exerce à trouver, sur mon harmonica, la mélodie qui me hante depuis quelques jours : le refrain d'*À la claire fontaine*. J'aimerais pouvoir jouer «Il y a longtemps que je t'aime, jamais je ne t'oublierai» comme papa le fait sur sa mandoline. Notre servante vient s'asseoir près de moi. «Je vais te montrer. Tu n'as que trois notes à jouer, *do*, *ré* et *mi*, et elles se suivent. Écoute bien, je vais te les chanter : *do do mi mi ré do mi do mi mi ré do mi ré do*. Essaie… c'est ça. Tu l'as. Bravo!» Je joue cet air une dizaine de fois et me lasse avant maman. J'attaque le couplet; à coup sûr, ma mère m'enverra pratiquer dans ma chambre. Mais voilà que notre servante revient dans le salon, heureuse de m'apprendre que je n'ai qu'une nouvelle note à ajouter à celles que je connais déjà, le *sol*. Ça y est. Je réussis au deuxième essai et répète la mélodie plusieurs fois pour la bien maîtriser. Ma sœur s'amène avec son harmonica et s'exerce à son tour. Croyant, parce qu'elle est plus âgée que moi, y parvenir sans difficulté, elle s'impatiente, se fâche et tente, de sa cacophonie, d'enterrer ma musique. Maman nous enlève nos instruments et nous envoie réfléchir dans nos chambres. Sur la pointe des pieds, ma sœur bifurque dans la mienne. Je ne demandais pas mieux. Je tire de sous mon oreiller l'enveloppe précieuse et lui montre la photo.

« Chanceuse ! Je n'en ai même pas encore d'amoureux, moi. Puis il t'a écrit. Wow ! Montre-moi. »

J'hésite. Elle a compris.

« Je te promets de n'en parler à personne. »

J'hésite encore.

« Même pas à maman. Ça te va, ça ? »

Je sais où notre voisine s'est arrêtée et je voudrais entendre les paragraphes suivants.

« J'aimerais ça la lire au complet. Je te jure de garder le secret. »

J'accepte.

Elle parcourt rapidement la partie que je connais. Elle lit moins bien que notre voisine. Elle n'y met pas le même cœur.

Mais, au paragraphe attendu, elle s'applique davantage : *Que tu es chanceuse de n'avoir qu'à traverser la rue pour voir la dame qui nous a raconté de si belles histoires. J'y pense souvent quand je me couche le soir. T'en a-t-elle raconté de nouvelles ? Essaie de ne pas les oublier... Si j'étais à ta place, je m'empresserais d'apprendre à écrire pour les garder toutes dans un beau cahier. Je vais demander à maman de me laisser t'en choisir un. Il y en a de très beaux dans notre magasin. Je vais te l'apporter à Pâques, si on y va.*

Elle s'arrête.

« Moi aussi je peux t'apprendre à écrire, tu sais. »

Puis elle me lit, d'un ton enjoué, la phrase écrite de la main de mon ami : *Je te fais une grosse bise, ma cousine adorée.*

Ma sœur doit me remettre aussitôt la lettre, maman vient de lui ordonner de descendre faire ses devoirs. Notre servante sera, de son côté, occupée à donner le bain à mon petit frère et à le coucher. Je peux m'exercer à l'écriture en toute tranquillité. Agenouillée près de mon lit, je dois sans arrêt éloigner Guimauve de mon papier. Comme si elle voulait que je délaisse mon crayon pour ne m'occuper que d'elle, elle s'étend de tout son long sur mes feuilles. J'en profite pour examiner son ventre. Ses tétines sont à peine perceptibles. Je plains les chatons qui essaieraient de les attraper. Sous son épais manteau de poils, elle n'a qu'un petit corps. Pas de bébés dans ce ventre-là, que je me dis. Je souhaite qu'il n'y en ait jamais. Je ne veux pas qu'elle souffre comme la chatte de notre voisine a souffert cet après-midi.

« Hé! Tu t'es endormie à genoux. Lève-toi, je vais t'aider à mettre ton pyjama. Tiens donc, elle était ici, ta lettre... »

Cette découverte, par maman, me sort complètement du sommeil. Je m'empresse de remettre le papier et la photo sous mon oreiller.

« Tu vas les abîmer. Pourquoi ne les laisses-tu pas sur ton bureau? »

Elle a raison. Je ne voudrais surtout pas que la photo se froisse. Je la replace dans l'enveloppe avec la lettre, mais je glisserai le tout... sous mon matelas, après le départ de maman. Avec une lenteur inhabituelle, elle dénoue mes tresses et brosse mes cheveux... à n'en plus finir. Ses gestes sont portés par des pensées prisonnières de son silence. Par des sentiments que trahissent ses va-et-vient langoureux sur ma chevelure. J'entends son cœur, je ressens son doute. Et si c'était celui de pouvoir, un jour, me chérir en toute liberté... Sa main s'arrête, lisse mes cheveux le long de mon visage qu'elle tourne vers elle. Je sens une ouverture. Une partie d'elle-même tend ses bras vers moi, les noue dans mon dos et me dépose sur mon lit. J'évite de la regarder. Son malaise. Il a retenu le baiser qu'elle allait déposer sur mon front. Seule sa joue est venue effleurer la mienne. Une amorce d'apprivoisement. Elle quitte ma chambre en se grattant la tête. Comme lorsqu'elle cherche la solution d'un problème. Le mien ? Le sien ? Celui de l'une devenu celui de l'autre ?

Je me sens agitée. Le sommeil me fuit. J'aurais pourtant aimé dormir, ce soir. Pas une étoile dans le ciel. « Une bordée de neige pour demain », a prédit mon oncle en revenant de chez la guérisseuse. Et s'il en tombait assez cette nuit pour que ma sœur et son amie n'aillent pas à l'école... Je pourrais retourner chez notre voisine, écrire une lettre à mon cousin, lui envoyer ma photo. Mais où en trouver une qui soit belle, qui lui sourit ? Dans mon tiroir de trésors ? Je fouille. Pas une seule photo à part celle de Guimauve prise quand je l'ai reçue en cadeau. J'y pense : la chatte qui a eu ses bébés, hier, est aussi la maman de Guimauve. Curieux qu'elles ne se visitent pas. Elles n'ont pourtant que la route à traverser pour se voir. À force de ne pas se fréquenter, elles se sont peut-être oubliées. Demain, j'essaierai de l'amener avec moi voir sa maman. D'ici là, il faut que je trouve une photo. Attirée par ma pensée, Guimauve est montée à ma chambre. Avec elle et la photo de mon cousin que je regarde sans m'en lasser, je vais passer de bons moments en attendant que maman et notre servante aillent se coucher. Je place mon oreiller au pied de mon lit, au cas où une étoile apparaîtrait. Couchée sur le dos, ma chatte sous mon bras, je suis forcée par le crépuscule à deviner plus que je ne le vois le visage de mon cousin sur le petit carton dont Guimauve mordille un des coins. Je range la photo pour qu'elle s'endorme plus vite. Comme je n'ai plus de tresses, ce sera plus facile. Je sais où la caresser, là, sous la gorge ou entre les deux oreilles. Elle devient de plus en plus lourde. De son corps allongé, elle couvre tout mon ventre. J'éprouve un grand bonheur à regarder et à caresser sa petite tête blanche blottie au creux de mon bras. Abandonnée. Confiante. Sa minuscule bouche rosée a vraiment la forme d'un cœur. Je l'effleure doucement. Un coup de sa langue râpeuse sur mon doigt. Et pourtant, elle semble dormir. Je me plais à ce jeu qui me donne de petits frissons. Les pattes d'en avant repliées sous son corps, celles d'en arrière étendues, elle ressemble vraiment à un bébé. J'aimerais bien en avoir un à moi toute seule, un jour. Peut-être même plusieurs. Mais pas s'ils doivent sortir de mon ventre de la même manière que les chatons. Ça, jamais je n'accepterais.

En bas, tout semble calme. Maman a souhaité une bonne nuit à ma cousine qui est allée sur-le-champ à sa chambre ; je l'ai entendue en fermer la porte. Celle de maman reste toujours entrouverte. À part quelques exceptions quand papa est là, et je me doute pourquoi. Doucement, je glisse Guimauve endormie sur mon édredon et je demeure allongée à ses côtés pour ne pas qu'elle s'éveille. Le temps de se recroqueviller comme une chenille, elle s'est rendormie.

Je crois savoir où maman range sa boîte et ses albums de photos. Pourvu que le tiroir ne soit pas trop difficile à ouvrir. Que j'aimerais être une souris. Je pourrais aller partout et tout entendre sans être vue. Mais que ferais-je avec les chats ? Je ne pourrais plus être l'amie de Guimauve.

Je sors de ma chambre, mais non sans prendre la précaution d'en fermer la porte pour ne pas que ma chatte me suive. C'est elle qui ne fait pas attention et qui finit par réveiller les grandes personnes. À quatre pattes, je descends l'escalier et je traverse la cuisine. Comme j'allais passer au salon, j'entends quelqu'un se moucher. Maman ou notre servante ? Pourtant, personne n'avait le rhume avant d'aller au lit. L'une d'elles pleurerait ? D'ennui, peut-être... Les deux en auraient de bonnes raisons. Papa est parti depuis la fête des Rois et l'amoureux de notre servante ne vient plus la voir. Il lui écrit. J'attends, immobile.

Les bruits de notre maison ne sont plus tout à fait les mêmes en l'absence de papa. Les ronronnements de la fournaise me font penser au roulement du tonnerre. Le tic-tac de l'horloge résonne comme les cloches de l'église sonnant des funérailles. Le sifflement du réfrigérateur est moins mélodieux. À part le parfum de la poudre pour bébé, je ne sens pas d'autres odeurs, pas d'effluves de rôti ni senteur de lessive. Il a fait soleil et les vêtements ont pu sécher dehors sans geler. Seuls le décor et les couleurs n'ont pas changé. C'est papa qui a tout décidé et tout fait. L'été dernier, il a fabriqué de nouvelles portes d'armoires, blondes comme les cheveux de ma sœur, et il les a enjolivées de pointes de diamant. Il en a profité pour allonger le comptoir et lui a donné la forme d'un u ; je le reconnais maintenant, j'en vois partout, des *u*. Les rideaux en dessinent sur la partie supérieure des fenêtres de la cuisine. Les fauteuils du salon aussi me font penser à des *u*. Deux petits et un très grand. De la couleur des framboises. En velours. Ils sont presque toujours recouverts d'une jetée aux mille couleurs. C'est sur l'un des petits que je vais monter pour prendre les photos. Je n'aime pas regarder le gros meuble de bois dans lequel est encastrée la radio. Il me rappelle trop que papa n'est pas là. Qu'il y a longtemps que je n'ai pas entendu vibrer les cordes de sa mandoline. Je n'arrive même plus à entendre sa voix dans ma tête. Comme il me manque! Je crois que, s'il avait été là, maman ne m'aurait pas amenée chez la guérisseuse. Va-t-elle lui en parler à son retour? Quelque chose me dit que non. Sinon, pourquoi m'y aurait-elle conduite alors qu'elle venait d'apprendre que les camps s'étaient vidés de moitié et que papa allait revenir bientôt, à en croire la tante qui ne m'aime pas. «Il n'est pas là, son problème», a dit la guérisseuse après avoir touché ma tête. Plus bas, semblait-elle croire. Il m'arrive, bien sûr, d'avoir mal un peu au-dessus de la boucle de ma ceinture de robe, bien que je n'aie reçu aucun coup ni fait de chute. Je sens souvent une douleur, là, quand j'ai de la peine. Toujours quand on me ridiculise et quand j'essaie de parler autrement qu'en chantant ou en répétant les mots de ma lecture. Si j'ai peur, c'est au-dessus des fesses que ça brûle. À ce moment précis, je n'ai mal que dans ma gorge, parce que je m'ennuie de papa. De le voir sur une photo me soulagera peut-être.

Je me rends sans problème jusqu'au fauteuil sur lequel je grimpe. D'une main, je m'agrippe au dossier et de l'autre, j'essaie d'ouvrir le tiroir; il résiste d'un côté. Je voudrais me reprendre, mais je risque de faire du bruit en le refermant. «Droit devant», me répète maman quand j'ai de la difficulté à ouvrir ceux de l'armoire de cuisine. Si j'étais un garçon, je réussirais à pousser le fauteuil... La berçante n'est pas si loin et beaucoup plus légère. Je l'approche, y monte, mais je n'arrive pas à me tenir debout en équilibre. Je dois me résoudre à aller chercher une chaise dans la salle à manger; à genoux, je la pousse, bute contre une dénivellation à l'entrée du salon. Je retiens mon souffle, mes genoux cloués au plancher, mes mains au siège. Des craquements… J'ai échoué. La honte me colle le visage à la chaise. Qui, de maman ou de notre servante, viendra me démasquer, me questionner, me gronder et m'ordonner d'aller dormir? Le bruit entendu se poursuit sans que je sente aucune présence derrière moi. J'avais oublié Guimauve. C'est elle qui gratte pour sortir de ma chambre. Faire vite ou monter lui ouvrir la porte? Faire vite. Quelle chance! Le tiroir cède. Sans bruit. Juste assez pour que j'y aperçoive une boîte et un album. Exactement ceux que je voulais. Non sans difficulté, je parviens à m'en charger les bras. Je file sur mes deux pieds cette fois, repasse devant la chambre de mes parents. Si maman entend craquer le plancher et les marches, elle supposera que je suis allée aux toilettes.

Heureuse de me revoir, Guimauve se tortille autour de mes jambes. De justesse, je l'évite, mais je ne peux retenir ma charge qui, vlan! aboutit d'elle-même sur mon chiffonnier. Je fige sur place. Je ne suis qu'oreilles. Ouf! Je n'ai réveillé personne. Je peux allumer ma lampe. Bien que je l'aie fait cent fois déjà, je feuillette d'abord l'album, un souvenir du mariage de mes parents. Je le glisse sous mon lit et je plonge dans la boîte qui contient, pêle-mêle, des dizaines de photos. Les unes montrent mes tantes de «là-bas», fort jolies, souriantes et élégamment vêtues. D'autres, et elles sont nombreuses, sont des photos de ma sœur. À tous les âges. Dans son berceau, à ses premiers pas, à son anniversaire; elle fait un *u* en soufflant sur les chandelles. Elle est souvent dans les bras de sa marraine et dans ceux de la tante qui n'aime qu'elle. Je n'apparais seule que sur une photo. Elle a été prise l'hiver passé. Je portais ce manteau rouge au col de lapin blanc que les grands-parents ont offert à ma sœur pour ses cinq ans. J'ai l'air triste. Et pourtant j'avais hâte que mon tour vienne de le porter, ce manteau. Il est si beau. Dommage qu'il soit devenu trop petit. J'aime mieux cette autre photo où ma sœur et moi sommes accroupies dans la neige, ma chatte à nos pieds. Envoyer celle-ci à mon cousin ? Il verra bien qu'elle n'a pas été prise rien que pour lui. J'ai trouvé mieux. Nous sommes quatre sur cette photo : ma sœur, mon cousin, son frère et moi. Je demanderai à notre voisine de la couper en deux. Il comprendra que j'ai hâte de le revoir et de le prendre par la main, comme sur cette photo.

Je pourrais bien renoncer à aller au fond de cette boîte, mais la curiosité m'emporte. Je mets de côté les photos des gens que je ne reconnais pas. Un jour, je demanderai à maman ou à ma cousine de me les nommer. Tiens ! En voilà une d'égarée. Elle aurait dû être placée dans l'album de mariage de mes parents, c'est le même jour… Papa porte une fleur à sa boutonnière et maman est vêtue de la même robe. Je ne connais pas cet homme barbu, affublé d'une longue robe noire, placé entre mon père et ma mère qu'il tient par la taille. Tout comme papa, il semble très joyeux. Comme c'est étrange ! Maman ne sourit pas du tout sur cette photo. On croirait même qu'elle est sur le point de se fâcher. J'approche la photo de ma lampe. J'ai bien vu. Maman n'a vraiment pas l'air contente. Je reprends l'album, pour comparer. Sur presque toutes ces photos-là, elle sourit. Pas beaucoup, mais elle sourit. Avec ses yeux, surtout. Papa est toujours pareil. L'air si heureux !

Je regarde encore la photo qui m'intrigue, examine l'homme en noir; non pas qu'il soit laid, mais quelque chose en lui me déplaît. Je n'ai même plus envie de la montrer à maman pour qu'elle me dise qui est cet homme. Je la laisse toutefois entre deux pages de l'album, au cas où je changerais d'idée.

Par prudence, je décide de ne remettre les photos à leur place que demain, quand maman dormira avec mon petit frère. Oh! Mais je crois que j'ai oublié de refermer le tiroir et de replacer la chaise dans la salle à manger. Je n'ai pas le choix, je dois redescendre. Je suis fatiguée et je ne trouve pas nécessaire d'y aller à quatre pattes, cette fois. Maman et notre servante semblent dormir profondément.

« Veux-tu bien me dire ce que tu cherches dans ce tiroir à cette heure-ci? »

Je regarde ma mère, désarmée.

« Descends de là, je vais le fermer. Mais… où sont les photos? »

Du doigt, je lui indique ma chambre.

« La nuit est faite pour dormir, ma p'tite fille. Pas pour fouiller. Va me les chercher. »

Je déplore qu'elle me suive.

« Tu peux le regarder quand tu veux, cet album, je ne vois pas pourquoi tu te caches pour le faire. »

En le prenant sur mon bureau, elle aperçoit la photo que je veux envoyer à mon cousin.

« C'est ça que tu voulais?… ça pouvait attendre à demain. Il faut toujours que tu fasses à part des autres, toi. »

Un coup en plein cœur. Il me tarde qu'elle quitte ma chambre.

Mon oreiller étouffe mes sanglots. Qu'il est déchirant le sentiment d'être de trop dans la vie de sa mère. De trop parce que «toujours à part des autres» ou simplement de trop? Je me sens si seule. Il fait noir en moi, autour de moi. Si au moins papa était là. J'ai mal. Rien pour engourdir ma douleur. Je m'épuise de chagrin. La tempête vient de s'annoncer à ma fenêtre. Elle me prend, je m'abandonne.

*
* *

«Mais tu es bien dure à réveiller, ce matin. Lève-toi, on va aller jouer dehors. Je n'ai pas d'école, il vente très fort, les chemins sont fermés.»

Ma sœur est toute au plaisir de la journée de congé que la tempête lui apporte. Je suis tentée de faire la sourde oreille tant je me sens lourde. Mes paupières se referment.

«Viens déjeuner. Après, on pourra retourner voir les chatons... Ou jouer une nouvelle chanson à l'harmonica... Ou écrire d'autres mots dans mon cahier... avec mes beaux crayons à l'encre.»

Je me tourne vers ma sœur qui écarquille les yeux et court vers la cuisine.

«Maman, je pense que ma sœur est malade. Venez voir. Elle ne veut pas se lever, puis ses yeux sont tout enflés.

— Si elle dormait la nuit, aussi, au lieu de...

— Je l'ai entendue, moi aussi, dit notre servante. Je ne me suis pas levée, j'ai cru que vous étiez allée vous en occuper. Voulez-vous que je monte?»

Les deux femmes chuchotent, je ne peux rien entendre. Notre servante s'amène. Je tourne mon visage vers le mur. Elle s'allonge à mes côtés. Pas un mot. Ses mains caressantes sur mes cheveux chantent les mots que mon cœur réclame. D'où nous vient cette si grande affinité? Cette complicité? Serait-ce parce qu'elle est ma cousine? Peut-être a-t-elle fait «à part des autres», elle aussi, quand elle était petite...

«T'as pas faim? Veux-tu un peu de céréales? Pas tout de suite? D'accord. Plus tard.»

Elle a passé son bras à ma taille. Nous voilà enlacées, comme des guillemets. C'est le signe qu'elle m'a fait écrire la dernière fois dans mon cahier. J'en avais vu tout plein dans un livre d'histoire et j'aimais leur forme: des lèvres qui sourient, avant de parler, et après. J'ai le goût d'apprendre d'autres lettres avec cette cousine exceptionnelle, aujourd'hui. Elle sait qu'après le chant c'est ce qui me fait le plus plaisir. Elle me le propose, mais non sans conditions:

«Quand tu seras habillée et que tu auras au moins avalé tes céréales. Il faut que j'aille faire mon travail au plus vite si tu veux qu'on ait du temps pour nous deux.»

Je ne retiens plus son bras sur mon ventre endolori. Je la suis dans la cuisine où ma mère fait sa besogne quotidienne. Pas une fois je ne lève les yeux sur elle. Je vois ses jambes et ça me suffit. Je l'évite, elle m'ignore. C'est tant mieux. Ou tant pis! Notre servante s'occupe de moi.

Ma grande sœur est allée retrouver son amie. Je n'ai pas envie de la rejoindre... du moins pas tout de suite.

«Je vais faire un tour chez mes parents», dit maman.

Je n'en suis pas surprise. Elle et sa mère semblent si bien s'entendre! Elles se montrent toujours heureuses de se revoir, même si elles se visitent presque tous les jours.

Je ne comprends pas que ma mère se sente bien en compagnie d'une femme qui n'aime pas une de ses filles. Le reproche qu'elle m'a adressé, la nuit dernière, ne m'aurait pas blessée s'il était sorti de la bouche de cette grand-mère. Serait-ce parce que je ne l'aime pas? Serait-ce que j'aime maman? Beaucoup? Et elle, m'aime-t-elle? Parfois, j'en doute. Je sais toutefois que quelque chose nous attache l'une à l'autre. Des liens… d'amour ou de pitié. Ou peut-être un peu des deux, elle m'a souvent défendue. Et si je parlais, qu'en serait-il? M'aimerait-elle davantage? Pourquoi ne m'a-t-elle jamais demandé expressément de le faire? Pourquoi ne s'est-elle jamais assise avec moi pour m'y exercer, comme le fait notre servante? À bien y penser, je ne suis pas certaine de le regretter. Je crois que, de toute façon, ç'aurait été très différent. Moins agréable. Pénible, peut-être.

Ma cousine semble souhaiter que maman parte au plus vite tant elle s'empresse d'entourer mon petit frère de ses jouets préférés et d'étaler sur la table cahiers, crayons, gomme à effacer et… une enveloppe toute neuve.

« Par quoi veux-tu qu'on commence? » me demande-t-elle.

De mon index pointé vers le ciel, je lui réclame une minute, le temps d'aller chercher, dans ma chambre, l'enveloppe reçue de mon cousin et la photo que je veux lui envoyer. En les tirant de dessous mon matelas, j'aperçois, sous mon lit, la photo de mariage sur laquelle maman ne sourit pas; elle aurait donc glissé de l'album. Je la dissimule dans l'enveloppe reçue de mon cousin. Après le départ de maman, notre servante la replacera dans le tiroir. L'enveloppe à peine déposée sur la table, elle la prend, en sort la mystérieuse photo et s'y attarde. Elle se tourne finalement vers ma mère qui, un pied dans la porte, allait sortir, et demande, en la lui montrant: «Ça fait au moins cinq ans que mon oncle est reparti en Afrique, hein, ma tante?»

L'air catastrophé, maman revient sur ses pas, fixe sa nièce, mais comprend, à mon air piteux, que c'est moi qui ai sorti la photo du tiroir.

«Qu'est-ce qu'elle fait avec cette photo-là, elle?»

D'un geste brusque, elle la saisit et, la colère au visage, elle la déchire. Les joues encore empourprées, elle se ressaisit et explique, un sourire forcé sur les lèvres: «J'ai tellement l'air bête sur cette photo. J'aurais dû la jeter bien avant aujourd'hui.»

Notre servante semble stupéfaite. Des questions dans son regard. La fuite dans celui de ma mère.

«Bon, il faut que je parte si je veux revenir pour le dîner.

— Ce n'est pas nécessaire. Restez si vous êtes invitée. On est capables de s'arranger, nous deux...»

Maman bat des paupières et nous quitte, sans plus. Notre servante demeure songeuse.

Je ramasse les morceaux de la photo éparpillés sur la table et je tente de la reconstituer. L'essentiel remis en place, je demande, un doigt sur la gorge de l'homme en noir, qui est cette personne. «C'est l'oncle de ton papa. C'est un prêtre missionnaire. C'est lui qui a marié tes parents», me répond ma cousine, visiblement troublée.

Tout comme elle, je comprends encore moins pourquoi maman a déchiré cette photo. Aussi, je ne suis pas étonnée de l'empressement qu'elle met à attirer mon attention sur notre projet d'écriture. Pas plus que de devoir lui rappeler que je veux adresser une enveloppe à mon cousin avant de commencer les exercices. Elle prépare ma photo comme je le souhaitais : j'y apparais seule avec mon cousin, maintenant.

« Ça ne fait pas très joli… »

Je l'approuve.

« Attends, j'ai une idée. On va lui faire un beau cadre que tu vas colorier. »

Je suis comblée. Que je l'aime, cette cousine ! Elle est très belle, affectueuse, enjouée, et elle me raconte plein de choses. Je suis si bien avec elle qu'il m'arrive de déplorer qu'elle ne soit pas ma mère. Ce que je trouve le plus difficile avec maman, c'est que j'ai l'impression de ne pouvoir l'atteindre… qu'à travers une vitre, sans savoir qui de nous deux a le pouvoir de la faire éclater. Peut-être faudrait-il nous entraider pour y parvenir ?… Je doute que nous puissions partager un projet. Nous sommes si différentes. Elle qui fait preuve de tant de retenue et moi, « à part des autres », qui mendie son amour. Avec notre servante, tout va sans effort, sans douleur. Son amoureux aussi me plaît, mais pas autant que papa. Lui, je l'aime plus que tout au monde.

Avec son encadrement, sur lequel j'ai tracé une chaîne de x rouges superposée à une autre de e verts, la photo ne rentre pas dans l'enveloppe, et nous n'en trouvons pas du format approprié.

« On va en faire une. Ce n'est pas difficile, ça ne prend qu'un peu de colle. Je vais te montrer. »

Le papier glacé rouge qui sépare les étages d'une boîte de biscuits à l'érable est de la dimension adéquate et juste assez rigide. « Pourvu qu'il ne perde pas toute son odeur avant d'arriver chez mon cousin », que je souhaite, le nez écrasé sur l'enveloppe.

« Moi aussi, j'aime parfumer les lettres que j'envoie à mon amoureux », m'avoue ma complice.

De l'entendre parler de mon cousin comme s'il était mon amoureux me déplaît. Croit-elle que, comme eux, nous nous sommes embrassés longuement sur la bouche ? Oserait-elle imaginer que j'ai mis ma main dans son pantalon ? Je me renfrogne.

« Qu'est-ce qui ne va pas ? Tu ne l'aimes pas, ton enveloppe ? »

Je soupire d'impatience.

« Tu ne le trouves pas joli, ton cadre ? »

Mais quand va-t-elle comprendre ?

« Ah ! Je crois deviner : tu veux ajouter un mot. »

Telle n'est pas la raison de mon mécontentement, mais il me plairait d'écrire de ma main quelque chose de gentil à mon cousin.

Notre servante court à sa chambre d'où elle revient avec une feuille vert pâle sur laquelle je remarque l'illustration presque imperceptible d'une femme et d'un homme enlacés. Je la lui rends aussitôt. « Tu ne veux pas écrire là-dessus ? Tu ne le trouves pas beau, ce papier ? »

De mon index, je contourne le dessin.

Elle éclate de rire. « Je sais. Ça conviendrait mieux si c'étaient des petits enfants au lieu de grandes personnes. »

Je fais signe que non. Lasse d'essayer de saisir ce qui me déplaît, elle me suggère de choisir mon papier. De la boîte de cartes de Noël et d'anniversaire que ma mère amasse depuis des années, je tire une carte ornée de fleurs magnifiques. « C'est vrai qu'elles sont belles. Cette carte vient des États-Unis. C'était pour la fête de ta maman. »

À ma demande, notre servante découpe soigneusement la partie où les fleurs sont imprimées. Au verso, j'écrirai quelques lignes. La première sera, à peu de chose près, identique à celle de la lettre de mon cousin.

Enfin, elle a compris.

Mon cousin adoré me convient. Je refuse le mot *petit*. Ce garçon est plus vieux et plus grand que moi.

Comme tu peux voir, je suis capable d'écrire maintenant. C'est notre servante qui me le montre. Chaque jour, avec elle, j'apprends de nouvelles lettres. Elle dit que bientôt j'en saurai autant que les enfants qui achèvent leur première année. J'apprends mes chiffres aussi. C'est encore plus facile.

Nous mettons beaucoup de temps à nous entendre sur la phrase suivante :

Je voudrais que tu dormes chez moi, quand tu viendras.

Ta petite cousine adorée.

Je manque d'espace pour lui dire que la voisine est toujours aussi gentille, que maman m'a fait beaucoup de peine, que j'ai vu naître des chatons…

Notre servante m'annonce ensuite qu'elle m'enseignera quelque chose de difficile aujourd'hui. Or je ne trouve rien de plus facile que de reconnaître, écrire et prononcer les *an*, *on*, *un*, *ou* et *in*.

« Mais on dirait que tu les as appris en cachette, ma foi. Répète donc, voir. »

Je m'y prête de bon cœur.

« Tu pourras maintenant écrire toute seule *mon cousin*. »

J'ajoute *adoré*. Ces deux mots sont indissociables.

Mon petit frère a besoin de dormir avant le dîner, ce qui nous permet de passer le reste de la matinée à jouer avec les sons. Le plaisir que j'y trouve a engourdi la douleur que ma mère m'a causée la nuit dernière. Je m'en rends compte au moment où mon professeur improvisé veut me faire écrire le mot *maman*. Elle n'aurait pas dû. Elle a paralysé ma main… et ma voix. « Tu es encore fâchée contre ta maman ? À cause de cette nuit… Elle t'a disputée. Je pense qu'elle n'aime vraiment pas que tu fouilles en cachette. Puis, ça l'inquiète que tu sois debout quand tout le monde dort. Tu comprends ? »

La tête baissée, je ne bronche pas. J'aimerais qu'elle sache que ma mère est allée au-delà d'une simple réprimande. Ma cousine aurait peut-être fini par comprendre avec un peu plus de temps, mais voilà que maman arrive. Elle ne semble pas de très bonne humeur. Le ton de sa voix. Elle maugrée contre tout et rien. Constatant que ma sœur n'est pas là, elle m'envoie chez notre voisine : « Reviens tout de suite avec elle. Je ne comprends pas que vous n'ayez pas encore dîné…

— Vous avez raison, admet notre servante, mal à l'aise. Comme le p'tit dormait, je ne me suis pas aperçue qu'il était si tard. »

Pendant qu'elle débarrasse la table des retailles de papier et de carton, j'enfouis dans mon cahier tout ce que je veux envoyer à mon cousin, le dissimule sous mon manteau et l'apporte à notre voisine. Elle comprend. Son regard n'est plus que ravissement.

« Tu fais des progrès incroyables, ma p'tite. Puis, c'est très joli, ce que votre servante a fait. Je mets tout ça à la poste cet après-midi. Si votre maman vous le permet, vous pourrez revenir, après le dîner. La tempête s'est calmée, la neige est collante, on pourrait en profiter pour se construire un beau fort.

— Vous allez jouer avec nous ? demande ma sœur, tout étonnée.

— Bien sûr ! Même que, si votre cousine a le temps de venir, ce serait encore plus agréable.

— Je vais le lui demander », promet ma sœur, enthousiaste.

Sa main bien fermée sur la mienne, elle me tire vers la maison, pressée d'annoncer l'invitation de notre voisine.

À ma grande surprise, maman paraît contente de donner congé à sa servante pour l'après-midi. Nous mangeons en vitesse. Notre voisine et notre servante sont heureuses de se retrouver. Elles aiment les enfants et ont du plaisir à partager leurs jeux. Pendant que nous, les trois filles, travaillons à former de grosses boules de neige qui serviront à construire les murs du fort, elles se disent des choses que j'aimerais bien entendre. Parfois, elles rient aux éclats. En d'autres moments, elles semblent se chuchoter des secrets. J'essaie de rester près d'elles, mais je crois qu'elles en sont agacées. Je les ai vues jeter un coup d'œil vers moi en baissant le ton... Ma sœur et son amie s'en donnent à cœur joie. Elles parient sur le nombre de boules de neige qu'elles apporteront aux grandes personnes qui les superposent. Comme je ne peux rivaliser avec elles, je m'assois dans la neige que je tape nonchalamment autour de moi. Je ne fais rien de mal et pourtant, je le constate, je suis encore « à part des autres ». J'en viens à penser que, si j'allais à l'école, je le serais moins. Je me promets de travailler encore plus à apprendre mes lettres et mes chiffres.

Trois murs de notre fort sont montés lorsque notre servante s'arrête et demande à notre voisine de regarder qui se dirige vers notre maison.

« Je fais mieux d'y aller tout de suite. Ma tante n'aime pas être seule quand un quêteux passe. Venez-vous, les filles ? »

Ma sœur choisit de poursuivre le chef-d'œuvre commencé, mais moi, je préfère voir ce personnage de près. À plus forte raison si maman en a peur.

Nous devançons le mendiant de quelques minutes. Maman fait encore la sieste et mon petit frère aussi. Notre servante la réveille : « Venez voir, ma tante. J'aimerais mieux que ce soit vous qui décidiez si on laisse entrer ce quêteux-là. »

L'homme à la longue barbe, vêtu de haillons, est déjà engagé dans l'escalier qui mène à la cuisine.

« Je ne le connais pas, dit maman, troublée. Mais il me fait tellement mauvaise impression que, si ce n'était qu'il vous a vues traverser, on se serait cachées dans ma chambre… Garde la porte extérieure verrouillée.

— Qu'est-ce que je fais ?

— Tu lui demandes ce qu'il veut, mais tu ne le laisses pas entrer. »

Maman se précipite dans la cuisine où, de la fenêtre, elle peut le voir passer sur la galerie. Je la suis. Les deux mains croisées sur le ventre, elle semble s'interdire même de respirer.

« De l'argent ou de la nourriture ? » crie notre servante après qu'il a frappé à la porte.

Le mendiant lui fait un signe. Elle regarde maman.

« Il veut des deux. Qu'est-ce qu'on lui donne ?

— Prends deux vingt-cinq sous dans le pot de monnaie, puis un demi-pain dans la boîte et donne-lui ça pour qu'il s'en aille au plus vite », chuchote maman.

Puis, s'adressant à moi, elle s'écrie : « Veux-tu arrêter de te montrer ! Reste ici. »

J'aurais aimé suivre notre servante et continuer d'observer ce quêteux qui s'exprime par gestes, mais elle me colle sur ses jambes, ses mains croisées sur ma poitrine. Des mains et des jambes qui tremblent. Fait rare, cette fois, je ne me laisse pas gagner par sa peur. La curiosité et une certaine fascination prennent toute la place.

Notre servante essaie de saisir ce que réclame encore le mendiant : « Quoi ? Ah ! Vous avez froid. Attendez un peu… »

À maman de décider s'il entrera pour se réchauffer. « Envoie-le au poulailler, répond-elle, la voix chevrotante.

— Ça a l'air sans-cœur, vous ne trouvez pas ?

— Il n'est pas question qu'il mette les pieds dans la maison. Qu'il aille ailleurs s'il n'est pas content. »

Notre servante s'acquitte du message, referme la porte, pousse le verrou. En approchant de maman, elle dit à voix basse : « Vous n'avez pas vu les yeux qu'il m'a faits…

— Va vite verrouiller la porte d'en avant. »

Notre servante lui rappelle que ma grande sœur joue dehors, chez notre voisine.

« On n'a qu'à la surveiller. »

Rivée à la fenêtre, ma mère gronde : « Mais qu'est-ce qu'il fait ? Ah, non ! Regarde ! Il s'en va au poulailler, le polisson. Combien de temps il va nous tenir en haleine, comme ça ? Je n'aurais jamais dû te dire de l'envoyer se réchauffer là.

— Je ne vous ai jamais vue paniquer comme ça, ma tante. C'est rien qu'un pauvre quêteux…

— Je sais, mais ça me brûle dans l'estomac, comme chaque fois qu'un danger nous menace. »

Des larmes coulent sur ses joues et sa respiration est saccadée.

« Seriez-vous plus nerveuse parce que vous êtes enceinte… ? »

Maman hoche la tête.

« Voulez-vous que je demande au voisin d'aller le voir au poulailler ?

— Pas tout de suite. Seulement s'il tarde trop à en sortir. »

Puis, elle me charge de surveiller, par la fenêtre du salon, le retour de ma grande sœur. Le fort est presque terminé. Elle devrait revenir d'une minute à l'autre. Mais voilà que les deux filles entreprennent de modeler un bonhomme de neige. Notre voisine leur apporte un vieux balai et un foulard avant de retourner à ses tâches.

De notre côté de la route, on croirait que même le temps s'est arrêté. N'existe que l'omniprésence du mendiant. Son fantôme dans la maison. La frayeur dans le cœur de ma mère. Une brûlure dans son ventre.

Maman gémit. « S'il fallait qu'il s'avise de mettre le feu… Pour se venger.

— Se venger ? Mais de quoi voudrait-il se venger, ma tante ?

— Je ne sais pas… qu'on ne l'ait pas laissé entrer.

— Ça a assez duré, moi je vais chercher le voisin.

— Reviens vite. »

Le menuisier ne tarde pas à quitter son atelier et, à grandes enjambées, se rend directement au poulailler. C'est long, très long avant que les deux hommes en ressortent. Enfin, l'ombre de l'un sur la neige ! Le mendiant suit, tête basse. Leur démarche est paisible, nonchalante même. Ils se dirigent vers la demeure de notre voisine, ce qui, loin de rassurer maman, la bouleverse davantage. Le moment de se mettre à table arrivé, il est encore là.

Revenue toute fière des réalisations de l'après-midi, ma sœur fait peu de cas de l'événement. Au plus exprime-t-elle sa surprise : « Je pensais que tous les quêteux étaient très vieux…

— C'est vrai que celui-là ne l'est pas tellement, admet notre servante. On ne pouvait pas voir ses cheveux à cause de sa tuque enfoncée jusqu'aux yeux, mais sa barbe n'était même pas grisonnante.

— On pourrait parler d'autre chose, non ? dit maman sur un ton sec.

— Qu'est-ce qu'il y a ? Qu'est-ce que j'ai fait de mal ? demande ma sœur, ébranlée par le regard sévère de maman.

— C'est que ta maman ne l'a pas aimé, ce quêteux.

— Et toi ?

— Je ne lui ai rien trouvé de spécial, mais je tiens quand même à en avoir le cœur net : je vais traverser chez le menuisier après le souper.

— Attends demain, au cas où il le garderait à coucher… »

Je ne comprends pas que maman ait si peur de cet homme. Elle aurait dû, comme moi, venir le voir de près. Son regard si posé, chaleureux, presque souriant, l'aurait rassurée. Je déteste la peur. Surtout celle de maman. Je crois que papa n'en éprouve pas, lui. Je ne l'ai jamais entendu dire cette phrase si familière à maman et à sa parenté : « J'ai bien peur que… » En cela, je leur ressemble à certains moments. Quand maman s'approche de moi, dans ma chambre, et qu'elle semble vouloir me dire quelque chose de difficile, j'ai peur. Un peu aussi quand je pense à l'école. À cause de la maîtresse de ma sœur. Quand mon père part pour longtemps, j'ai très peur. S'il fallait qu'on ne le revoie plus… Avant que notre voisine me raconte son histoire au sujet de la mort, j'avais souvent peur pour mon cousin. Mais plus maintenant. Si j'ai bien compris, nous allons mourir en même temps, puisque nous avons trouvé des parents presque en même temps.

Avant d'aller mettre mon petit frère au lit, maman a fait le tour des portes pour s'assurer qu'elles étaient bien verrouillées et elle a laissé les deux lumières extérieures allumées. Est-ce à dire qu'elle a l'intention de faire le guet toute la nuit? Est-ce pour la distraire de ses appréhensions que notre cousine nous invite, ma sœur et moi, à nous blottir contre elle dans le salon, un carnet de chansons sur les genoux? Quel bonheur! « Va me chercher ton harmonica », me demande-t-elle. Ce m'est un honneur et un grand plaisir de le lui prêter. Je suis ravie de l'entendre nous accompagner pendant que nous interprétons une de mes chansons préférées: *À la claire fontaine*. Par moments, ma voix faiblit. Je revois papa, la première fois qu'il me l'a dédiée, en revenant des États-Unis, et ça me donne envie de pleurer. Je me sens heureuse, pourtant. Est-ce donc que le bonheur, comme le malheur, pourrait faire pleurer? Lorsque vient le temps d'interpréter *La Java bleue*, notre servante me rend mon harmonica et chante avec nous. Sa voix est presque aussi envoûtante que celle de notre grand-mère commune. L'émotion qui passe dans sa voix, ses paupières qui s'abaissent au hasard de paroles langoureuses, son sourire qui s'épanouit lorsqu'elle chante « enivrons-nous d'amour » me fascinent. Je sais qu'alors elle pense à son amoureux. Je regrette qu'il ne vienne plus la voir. Surtout que je ne sais pas pourquoi. Il doit être parti très loin, car elle lui écrit de longues lettres, en pleurant parfois. Il lui en retourne de toutes petites. Je me tiens toujours près d'elle en ces moments-là. J'aime croire que mon bras glissé sur son épaule la console un peu. Immanquablement, sa main vient caresser mes cheveux.

Le lendemain, notre servante rend une courte visite au menuisier, dans son atelier.

« Je vais en profiter pour faire solidifier la chaise haute… », précise-t-elle.

À son retour, maman n'a qu'à demander : « Et puis ? » qu'elle comprend. « Rien de spécial, ce quêteux… », répond-elle.

Elle ment. Son regard fuyant et son empressement à monter faire le ménage de nos chambres me le confirment. Toute la journée, elle évite un tête-à-tête avec maman. Jamais elle ne s'est autant occupée de moi et de mon petit frère. Je pense que ma mère l'a deviné et que c'est pour en savoir davantage qu'encore aujourd'hui elle est allée chez ses parents. À son retour, pas un mot du quêteux, mais son regard se fixe souvent dans le vide.

Quand notre servante est chez nous, la tante qui habite avec mes grands-parents vient moins souvent à la maison. Si toutes deux blaguent en se revoyant, elles ne tardent pas à diverger d'opinions. Ma tante a le mépris facile, alors que notre servante ne peut le tolérer. Encore moins quand il s'agit de moi. À la moindre moquerie, soit qu'elle lui tourne le dos et ne se mêle plus à la conversation, soit qu'elle quitte la pièce, m'entraînant avec elle. Elle ne répond même plus à ses questions. Maman doit toujours être là pour relancer la conversation, faute de quoi notre visiteuse s'en va. Ma grand-mère non plus ne l'aime pas tellement, notre servante. « Pimbèche » qu'elle a dit d'elle à ma mère, la bouche tordue par une horrible grimace. J'ai hâte de savoir ce que ce mot signifie.

J'ai dû insister, cet après-midi, pour envoyer une autre lettre à mon père. Ma cousine craint qu'elle n'ait pas le temps de lui parvenir avant qu'il revienne. Maman pense le contraire. J'ai eu de la difficulté aussi à lui faire comprendre que je voulais qu'elle lui parle de ma visite chez la guérisseuse barbue. Maman lui faisait de telles simagrées que je me demande si elle n'a pas écrit autre chose à la place. Faut-il cacher cela à papa ? Si c'est le cas, l'oncle gentil qui nous y a conduites serait donc averti de garder le secret. Je crois que les grandes personnes aiment les secrets. Les femmes surtout, mais les hommes aussi. Papa m'a déjà demandé d'en garder un, la veille de Noël. Puis, il a fait d'autres cachettes, ce jour-là, quand il a enfoui mon harmonica et les boucles d'oreilles de maman dans la poche intérieure de son manteau. Je les comprends d'aimer les secrets. Ceux que je partage avec mon cousin sont ce que j'ai de plus précieux au monde. Je ne vis rien de semblable avec personne d'autre. Je ne comprends pas pourquoi ça se passe ainsi avec lui. Quand nous sommes ensemble, rien que nous deux, c'est comme si je devenais un peu lui et lui un peu moi. C'est pour cela qu'il ne faut pas qu'on soit trop longtemps sans se voir : au lieu de grandir, je pense que je ferais comme les fleurs de la plate-bande quand vient le froid.

*
* *

Un bonheur délectable me tire doucement du sommeil. J'en attribue d'abord la cause à ma chatte qui ronronne près de mon épaule, puis aux éclats de joie retenus qui montent de la cuisine. Une odeur de crêpe aussi. Ce n'est pourtant pas Pâques aujourd'hui. Pas avant quatre ou cinq jours. Maman, la voix heureuse, parle à quelqu'un qui lui répond en chuchotant. Mon petit frère pleurniche, comme lorsqu'elle est trop occupée pour lui accorder toute son attention. Étrange que je n'entende pas notre servante! Qu'elle ne la devance pas, ce matin, à la préparation du déjeuner. Ma sœur aussi dort encore. J'ai une envie folle de descendre à la cuisine. Me poster au bas de l'escalier, d'où je pourrais voir ce qui se passe. Pourvu que je ne contrarie pas maman et l'autre…, la personne qui ne fait que murmurer. J'évite vraiment de déplaire à ma mère. Elle semble avoir tellement le cœur gros, ces jours-ci. Papa lui manque beaucoup, je crois. Notre servante s'évertue pourtant à lui être agréable, à la faire rire. Dimanche dernier, elle lui a même offert un déshabillé; elle l'avait commandé pour elle chez la couturière du village. Un déshabillé à sa taille, sur lequel plein de petites fleurs bleues et jaunes s'entremêlent. Des fronces juste au-dessus des seins donnent plus d'espace à son ventre. Il est tout rond, maintenant. Elle ne peut plus le cacher derrière des vêtements amples. Tout le monde lui en parle. Soit pour s'informer de sa santé, de ses jambes, soit pour savoir quand le bébé va naître. Je pourrais répondre à sa place tant je l'ai entendue répéter: « Fin juillet, début août. » Plusieurs la plaignent, ma mère:

« T'auras pas eu grand répit… », « T'as même pas eu le temps de te remettre de ton troisième… », « Tu vas en avoir plein les bras… » Et elle de répliquer: « Pas tant que ça! Je n'aurai que les deux plus jeunes à la maison; les filles devraient être à l'école. »

Sa réponse me surprend, mais non les regards suspicieux qui, immanquablement, se posent sur moi. Nul n'est besoin de mots pour que je devine leurs doutes et que maman s'empresse de passer à un autre sujet. Bien qu'elle ne le laisse pas trop voir, je crois que si ça ne lui suffisait pas que je chante, que je lise à haute voix, que je lui aie crié «maman!» quand mon petit frère a déboulé dans l'escalier du sous-sol, le fait que je sache lire et écrire nombre de mots lui inspire confiance. Elle espère sûrement que je réponde un jour aux questions qu'elle se risque de plus en plus souvent à me poser, au cas où la guérison promise par la dame barbue se produirait. La semaine dernière, alors que j'amusais mon petit frère dans le salon, je l'ai entendue dire à notre servante: «... ce serait trop beau... J'aurais tant aimé qu'elle débloque avant que son père revienne.» J'ai compris que c'était de moi qu'elle parlait. Notre servante a répliqué:

«Elle fait quand même de gros progrès.

– Oui, mais le principal, elle ne le fait pas encore.»

Le principal... Parler aux autres et leur répondre, mais pas sur un papier, voulait-elle dire. Pourtant, c'est un jeu que j'aime beaucoup et ma cousine aussi l'aime. Il sera plus intéressant encore quand je saurai écrire tous les mots qui passent dans ma tête. Il y a tant de choses que je voudrais lui dire. Tiens! Elle vient de se lever, je crois. C'était sa voix... Juste le temps de ravaler un petit cri d'étonnement. Je ne tiens plus dans mon lit. Je pousse Guimauve, qui fait le gros dos et qui s'étire en me fixant de ses yeux disparates. Elle me fait rire, ma chatte. Toutefois, je ne comprends pas qu'elle ne m'attende jamais pour descendre l'escalier. Comme s'il fallait qu'elle voie tout avant moi.

Une odeur… que je connais pourtant, mais que je n'arrive pas à replacer fait danser mon cœur. Du bas de l'escalier, je peux voir maman. Elle semble de si belle humeur qu'on dirait qu'elle sourit à la crêpe qu'elle retourne dans la poêle. La table est garnie, un peu plus que d'habitude. Notre servante tartine des carrés de pain pour mon petit frère. Je file alors vers la salle de bains. Surprise! La porte s'ouvre avant que j'aie eu le temps d'en tourner la poignée. Face à face avec lui. Il me soulève de terre avec un tel élan que ma tête touche le plafond. Il est enfin de retour! Pour longtemps, cette fois. Je le souhaite tant! Sa grande main dans mon dos me rive à sa poitrine, le temps de nous rendre tout cet amour dont l'absence nous a privés. Sa figure imprégnée du parfum de sa crème à raser m'embaume. C'est cette odeur de menthe qui a fait chavirer mon cœur. «J'ai adoré tes lettres, ma pitchounette. J'avais épinglé tes dessins sur le mur, juste au-dessus de mon lit, et je les ai rapportés. Jamais je ne les aurais oubliés là. Que je suis content de…» Ma sœur vient de descendre. Je la comprends de m'écarter des bras de papa qui se permet dès lors de parler à voix haute. Il nous ramène toutes deux à la table, évitant d'approcher son fils qui le prend pour un étranger. «Il le boude. Pour le punir de nous avoir laissés seuls pendant plus de trois mois», prétend maman.

Papa attendait la fin de ce déjeuner aussi joyeux que celui de Noël pour nous annoncer une surprise. Une grande sortie pour Pâques. Pour la première fois, ma sœur et moi accompagnerons mes parents chez mon cousin préféré. Notre servante restera à la maison avec mon petit frère. «Les trois plus belles femmes du monde!» dit papa en nous admirant l'une après l'autre de ses grands yeux verts encore embrumés de nostalgie. Des femmes qui doivent se faire coquettes pour visiter l'une des sœurs de maman, la plus fortunée. J'aurai des bas et des souliers neufs, moi aussi. Ma sœur étrennera la robe que sa marraine vient de lui acheter et moi, je porterai la rouge qu'elle avait reçue pour ses six ans. Un jour, je serai plus grande que ma sœur, s'entend-on à prédire autour de moi. Mais je ne sais quand. Je bois du lait depuis que maman a accepté que notre servante le parfume à la cannelle. Je devrais grandir plus vite maintenant.

Une autre surprise m'attend au magasin où mes parents nous ont emmenées pour acheter des souliers. Papa me fait choisir, ainsi qu'à ma sœur, un pyjama et des pantoufles. « Ceux que vous aimerez », nous dit-il. C'est que nous allons passer deux jours chez mon cousin préféré. Son père est coiffeur pour hommes et sa mère possède un magasin où on vend de tout, comme celui dans lequel nous nous trouvons. Elle le ferme du samedi midi au lundi matin. Je souhaite que nous arrivions assez tôt pour que je puisse le visiter. Que de trésors mon cousin doit y puiser ! Je le conçois facilement en faisant le tour des rayons, le temps que papa persuade maman de se laisser offrir la robe qu'il lui a choisie.

« C'est bien trop cher. Pour le nombre de fois que je vais la porter.

– S'il n'en tient qu'à moi, ce ne sont pas les occasions qui vont te manquer. On ne se limitera pas à quatre enfants... »

Papa a dû gagner beaucoup d'argent. Il vient tout juste de donner plusieurs billets à maman pour payer ses emplettes. Peut-être acceptera-t-il de m'acheter ce béret rouge qui irait si bien avec ma robe et cette grosse boîte remplie d'écheveaux de fil de toutes les couleurs, d'aiguilles et de motifs à broder. Ma marraine sait broder, elle l'a fait sur une nappe, sur des taies d'oreiller et sur son tablier. Déjà coiffée du béret que j'ai choisi, je m'avance vers lui, avec cette boîte trop grande pour mes bras. Maman m'aperçoit la première et m'ordonne d'aller reporter le tout à sa place. Papa trouve que le béret me va bien, il me l'achètera. La boîte à broderie m'est retirée des mains sans ménagement.

« Tu as bien d'autres choses à apprendre avant… », commente maman.

Mon cœur se serre, mes yeux se remplissent de larmes et je ne veux même plus du béret.

« Prends-le quand même, me supplie papa. Peut-être qu'avant longtemps, si tu…, on pourra revenir la chercher, ta boîte à broderie. »

Je saisis leurs sous-entendus : « Si tu te décides à nous parler. »

C'est la première fois que papa me fait ce genre de reproche. Je voudrais retourner tout de suite à la maison, m'enfermer dans ma chambre avec Guimauve et ne plus voir personne. Je refuse de porter le sac dans lequel maman a fait placer mes bas, mes souliers, mon pyjama, mes pantoufles et le béret que j'avais lancé sur le comptoir. Ma sœur le prend avec le sien. Recroquevillée sur le siège arrière de la voiture, je ne suis plus que déception par rapport à mon père et colère contre ma mère. Une colère qui passe de mon cœur à la gorge obstinément nouée de maman. Nous sommes prisonnières de son silence. Malgré elle, malgré moi. La réprobation nous habite, nous l'alimentons sans pouvoir trouver qui de nous deux en porte les racines. Déchirées entre une irrésistible attirance et la peur de l'intimité. La nécessité d'affronter cette intimité se fait de plus en plus pressante. Qui de ma mère ou de moi en a le pouvoir ? Le devoir ? Là encore, c'est l'écartèlement. Autour de moi, on m'en attribue la responsabilité. Parfois, tout mon être la rejette. Parfois, je me sens à la fois l'étranglée et l'étrangleuse. Ma mère et moi, toutes deux condamnées à une mort à petit feu si celle de nous deux qui en a le pouvoir ne déjoue ce cruel destin. Des amarres doivent céder, une voix doit hurler une douleur commune. Une honte projetée. Une honte désavouée.

Sur la banquette avant de la voiture, on m'ignore, et je m'en réjouis. Ma sœur a appris à ne pas insister quand je rentre dans ma coquille. Dès notre arrivée, notre servante partage la bonne humeur des autres, mais non sans s'inquiéter de mon confinement dans ma chambre.

« Ce sont tes souliers que tu n'aimes pas ? »

Elle se trompe et je le lui fais savoir en serrant mes chaussures dans mes bras.

« Ton béret est si joli ! Tu veux l'essayer ? »

Je le lance sur le pied de mon lit.

« Tu aimerais mieux que je te laisse seule en attendant le souper ? »

Avant de me quitter, elle dépose un baiser sur mon front et m'étreint chaleureusement. Guimauve est à mes côtés. Elle s'est toujours empressée de recueillir de sa petite langue rugueuse chaque larme qui glisse de mes paupières. C'est ainsi qu'elle finit par me faire rire. Ses narines roses qui soufflent sur mon visage, sa langue qui lèche mes joues, le tour de ma bouche, me chatouillent. De nouveau, ma chatte vient de libérer en moi un espace pour le plaisir. Cet espace qu'occupera bientôt mon cousin préféré. Cet espace dont, à regret, je suis à évincer mon père et tous ceux qui m'attendent pour le souper.

*
* *

Les maisons comptent toutes deux ou trois étages et sont situées très près les unes des autres. Celle de mon cousin est fort jolie avec ses volets rouges et ses lucarnes sur les deux pentes du toit. Sur la façade, deux galeries à longueur de mur; l'une au niveau du sol et l'autre qui borde l'étage supérieur, à laquelle on accède par un escalier tournant d'une très grande élégance. Je commence à penser que nous pourrions être «là-bas», là où les gens ont beaucoup à donner et du bonheur à le faire. Mais je me ravise lorsque la voiture avance dans le stationnement, jusqu'à la cour arrière: un terrain bien délimité, très peu d'espace pour jouer, aucun pour s'isoler. Tout est si bien rangé que je doute que, hormis dans la grande balançoire à deux sièges coulissants, les enfants y soient bienvenus. Pas de champ, un seul arbre que ma tante a entouré de minuscules cailloux blancs. Le soleil les fait scintiller comme des diamants. De l'autre côté de la haie de cèdres, une bande de terre, des cailloux, quelques grosses roches et la grève. Un chemin d'eau plus large que mon village, sur lequel glisse tranquillement un immense bateau à la coque rouge… J'ai perdu mes repères dans ce décor à la fois fascinant et déroutant. Le fleuve apporterait-il mieux mes chansons aux montagnes que les champs de blé? Les prolongerait-il d'écho en écho de l'autre côté des montagnes? Quelle sensation agréable doit-on éprouver à se laisser porter sur cette nappe bleue qui ondule, comme les cheveux de ma sœur.

Conquise par une telle majesté, je n'ai pas vu venir ma tante et je sursaute à ses éclats de joie. «Venez, venez!

Je viens justement de fermer le magasin », dit-elle, seule à nous accueillir. Maman s'informe de mes cousins. J'apprends que mon préféré est en punition dans sa chambre pour avoir sali les genoux de son pantalon. Le plus vieux, de l'âge de ma sœur, est allé livrer des marchandises chez une dame âgée. La servante nous est à l'instant présentée. Une grosse dame, plus âgée que maman, au regard très sévère. Sur sa robe marine, elle porte un tablier immaculé, lisse comme son visage. Une statue. Invités à prendre place au salon en attendant que mon oncle quitte son salon de barbier, nous nous voyons offrir boissons gazeuses, jus et boissons alcoolisées. Obéissant à l'ordre de maman de ne pas prendre une boisson colorée quand nous sommes en visite, de crainte que nous tachions les fauteuils, ma sœur choisit pour nous deux un verre de jus de pomme. Je dépose le mien sur la petite table, déterminée à n'y tremper les lèvres que lorsque mon cousin sera libéré de sa punition.

« Tu n'as pas soif ? » demande ma tante alors que tous ont vidé leur verre d'au moins la moitié.

Je hausse les épaules.

« Elle n'aime pas le jus ? s'inquiète-t-elle en s'adressant à ma mère.

– D'habitude, oui. »

Mon oncle, gracieux et courtois comme pas un, vient embrasser maman, saluer papa et nous tendre la main :

« Bonjour, jolies demoiselles ! »

Et, se tournant vers nos parents, il ajoute :

« Il faudrait nous donner votre recette… Ça manque à notre bonheur, des belles filles comme les vôtres.

– On a bien assez de nos deux garçons », réplique ma tante, les lèvres serrées, le regard pointu.

À l'instant, l'aîné arrive à bout de souffle. Il allait s'élancer vers ma sœur, mais sa mère l'arrête :

« La politesse, mon garçon… »

Il rebrousse chemin et va saluer mes parents avant de venir chercher ma sœur pour l'emmener avec lui.

Mon oncle s'inquiète de l'absence de son cadet.

« Il sortira de sa chambre quand il aura appris à obéir, déclare sa femme après avoir expliqué la raison de la pénitence infligée.

– Tout de même ! C'est normal qu'un enfant se salisse, rétorque-t-il. Je vais le chercher.

– Vous voyez, là ? Pas étonnant qu'ils ne sachent pas écouter, avec un père comme ça », dit ma tante, cherchant chez mes parents une approbation qui ne vient pas.

La main dans celle de son père, mon cousin se présente au salon les joues et les yeux rougis. C'en est trop pour moi. Je me couvre le visage de mon béret. Les sursauts de mes épaules me trahissent.

« Mais qu'est-ce qu'elle a, elle ? demande ma tante d'un ton offusqué.

– Elle tient de sa marraine, dit papa. Une larme à la paupière d'un autre lui en fait couler dix…

– Elle n'est pas au bout de ses peines, celle-là… »

Papa ne réplique pas et approuve mon cousin de souhaiter m'entraîner hors du salon. Il n'aurait pas imaginé que ma tante s'y oppose :

« Ça ne vaut pas la peine, on va se mettre à table dans cinq minutes. »

Son mari s'en mêle :

« Laisse-les donc aller un peu, ça les calmera. »

Puis, nous indiquant la balançoire, il ajoute :

« Restez dans la cour, quand même. »

Mon cousin prend ma main dans la sienne. Enveloppante. D'une chaleur bienfaisante. Un baume sur mon cœur. Nous nous assoyons dos à la maison. Il me sourit longuement et ses yeux encore empreints de chagrin me disent mille « Je t'aime ». Il pose son bras sur mes épaules. Je le veux là pour la vie.

« J'avais tellement hâte de te revoir », me dit-il, ses grands yeux noirs redevenus rieurs.

Je baisse les paupières pour mieux savourer ces mots. Je les lui retourne de mon plus beau sourire.

« Je t'ai préparé plein de surprises… Personne ne le saura. Même pas mon frère », me chuchote-t-il à l'oreille. Après le dîner… »

Son souffle sur mon oreille, sur ma joue, les frôlements de son bras sur ma peau, ses regards habités de mille mots gentils me grisent.

Je le trouve long, ce repas, au cours duquel ma tante ne cesse de dire à ses fils d'enlever leurs coudes de la table, de faire attention à la nappe, d'attendre que tous soient servis avant de commencer à manger, de ne pas parler si fort… Quand mon oncle nous donne congé, son épouse nous retient, le temps de répéter sa liste de recommandations et d'interdictions.

En dépit des ordres reçus, son fils aîné et ma sœur se dirigent vers la grève sans s'occuper de nous. Mon cousin s'en réjouit. Nous nous engageons dans l'escalier du sous-sol, puis dans un autre qui aboutit à une porte intérieure, celle du magasin. « Pourvu qu'elle ne soit pas verrouillée… », dit mon cousin. Elle cède. Nous trottinons entre les rayons et nous nous arrêtons à celui de la papeterie. Il veut m'offrir le cahier qu'il m'avait promis dans sa dernière lettre. Je le choisis de couleur vert pâle. Nous passons ensuite au rayon des jouets. Il y prend deux serpentins, après quoi il m'entraîne vers le rayon des objets précieux, hors d'atteinte sans le petit tabouret sur lequel mon cousin grimpe. Sa main se pose sur un boîtier en argent, en forme de cœur. J'en frémis de plaisir.

« Regarde bien, me dit-il en l'ouvrant avec précaution. C'est pour mettre des photos. La tienne et la mienne. »

Je suis enchantée.

Ses poches de pantalon aux genoux tachés sont assez grandes pour dissimuler le tout. Devant la caisse, un présentoir de gommes à mâcher et de tablettes de chocolat me fait saliver.

« Prends-en autant que tu veux. Ça ne paraîtra pas, je te le dis. »

Je m'en tiens quand même à un article de chaque espèce... de peur d'être découverte et de me faire réprimander. Mon cousin ajoute deux autres tablettes qu'il glisse dans une de ses poches. Avant que nous quittions le magasin, il m'offre un autre cadeau : une jolie paire de barrettes, bleu transparent, en forme de papillon.

« Viens voir dans le miroir, elles changent de couleur quand on les met sur tes cheveux. »

Je suis extasiée... pour un bref instant. S'il fallait que ma tante nous surprenne !

« Viens. On va tout cacher dans ma chambre et demain, tu partiras avec... Tu feras comprendre à ta mère que mon papa m'avait donné la permission. »

Je fronce les sourcils.

« Attends, j'ai une idée. »

D'un tiroir de bureau, il sort une feuille blanche sur laquelle il écrit, en prononçant chaque mot à voix haute : « De ton oncle qui t'aime beaucoup. »

Je le fixe, troublée. Si j'en crois maman, le magasin et tout ce qu'il contient appartiennent à sa mère et non pas à son père. Je ne me sens toutefois pas la force de renoncer à porter ces jolies barrettes dans mes cheveux et à posséder ce médaillon d'argent qu'il sort de sa poche pour y placer sa photo. « Au moins jusqu'à demain », que je me dis. Mon généreux donateur m'entraîne vers son coffre à jouets près duquel nous nous agenouillons. Du fond, il tire un vieil ourson en peluche, introduit son index dans une fente au milieu de son dos et en sort un médaillon identique à celui qu'il m'a donné et dans lequel ma photo, celle que je lui avais envoyée, est insérée face à la sienne. Nous jouons à rapprocher nos figures jusqu'à ce que le boîtier soit presque complètement fermé. Sans qu'un seul craquement de plancher nous en ait avertis, ma tante surgit dans la chambre et nous découvre, rassurée, en train de choisir les jouets que nous voulons apporter dehors, comme lui explique mon cousin. Je tremble de tout mon corps. J'ai eu si peur qu'elle voie le mien, mon médaillon, là sur le bureau. À peine a-t-elle descendu l'escalier que nous enfouissons les deux boîtiers dans le dos de l'ourson, où ils resteront jusqu'à mon départ.

Le reste de l'après-midi, organisé par ma tante, ne nous plaît pas, forcés que nous sommes de suivre les deux familles, tantôt pour une marche dans les rues du village, tantôt pour une balade dans leur luxueuse voiture à trois rangées de banquettes. Le seul plaisir que nous parvenons à goûter dans cette atmosphère de sévérité créée par ma tante est celui de nous retrouver blottis l'un contre l'autre sur le siège arrière. On me laisserait plus d'espace que je demeurerais ainsi, mon menton sur son épaule, humant l'odeur du shampoing dans ses cheveux, le caressant de mon souffle chaud sur son cou, heureuse de sentir ma main bien enveloppée dans la sienne. Instant divin que celui où il pince de ses doigts le bout de ma tresse, la promène sous son nez et vient chatouiller le mien. Nos rires fusent. Ma tante tourne la tête vers l'arrière alors que mes parents causent avec son mari sans se soucier de nous. J'apprécie mes parents, même s'ils sont moins riches et un peu moins beaux que ceux de mon cousin. Jamais ils ne nous surveillent autant, pas plus qu'ils ne nous obligent à les suivre à la trace et à admirer ce qui les émerveille.

« Je ne les aime pas, les couchers de soleil », proteste mon cousin lorsque sa mère nous impose de les suivre sur la grève pour aller « le contempler dans toute sa majesté », comme elle dit.

« Pourquoi tu ne les aimes pas ? lui demande papa en lui tendant la main.

— Après, il faut aller au lit.

— Il me semblait, aussi… C'est d'aller dormir qui t'agace.

— Puis d'être tout seul dans mon lit quand il fait noir…

— Je comprends que tu as hâte de te marier…

— Oui. Puis je sais avec qui.

— Tu veux me le dire ? »

Mon cousin abandonne la main de mon père pour prendre la mienne. À voir son sourire, papa n'a pas à le questionner.

« Vous allez attendre encore quelques années, j'espère.

– Moi, je voudrais qu'on se marie tout de suite, affirme mon cousin. C'est pas juste que seules les grandes personnes aient le droit de le faire. »

Je suis bien de son avis.

« Puis, que fais-tu de l'école, du métier à apprendre, de ta maison à bâtir ?... lui réplique papa.

– On fera tout ça ensemble.

– Puis toi, ma pitchounette, tu serais d'accord avec lui ? »

L'éclat de mon regard le lui confirme.

« Tu serais déjà prête à quitter ton beau papa ? »

Embarrassée, je colle mon visage à son bras. « Pourquoi ne pas imaginer que nous puissions vivre tous ensemble ? » que je me dis.

« Je n'ai qu'à aller habiter chez vous, suggère aussitôt mon cousin.

– Qu'il en dit, des bêtises, cet enfant ! lance sa mère qui avait ralenti le pas pour mieux nous entendre.

– Ne t'en fais pas. Je vais m'occuper de la noce », dit papa, toujours habile à détendre l'atmosphère.

Ma tante lui retourne une mimique agacée, mais il s'en amuse.

Une grande déception nous attendait : ma sœur et moi devons dormir dans le boudoir, loin de toutes les chambres à coucher. Mon air dépité encourage ma sœur à maugréer contre notre tante. « Faites vos grandes filles, voyons ! nous recommande maman venue nous embrasser.

– Est-ce que papa va venir, lui aussi ? » s'informe ma sœur d'une voix suppliante.

Que je m'estime chanceuse d'avoir près de moi, dans ma vie, une sœur comme elle ! Papa ne tarde pas. Assis sur le bord du divan-lit, il nous taquine, se moque de moi en imitant, comme il dit, mon « p'tit bec pincé ».

À l'insu de ma tante, douce revanche, mon cousin préféré vient passer une partie de la nuit entre ma sœur et moi. Je craignais qu'elle ne le repousse, mais son bras est venu nous enlacer, mon ami et moi. Quel délice ! Au réveil, mon cousin s'empresse de regagner sa chambre, avant que la bonne aille le sortir du lit et lui préparer les vêtements qu'il doit porter. « C'est toujours elle qui les choisit », nous confie-t-il, contrarié.

Après une autre journée, belle comme je l'avais rêvée, à jouer tantôt sur la grève, tantôt dans sa chambre, il faut se quitter. Cahier, barrettes et médaillon enroulés dans mon pyjama et enfouis dans le sac que je garde collé contre moi, j'ai de quoi me sentir comblée, mais le regard si mélancolique de mon cousin qui, seul sur le trottoir, m'envoie la main du plus loin que je puisse le voir m'endeuille. De retour à la maison, je me blottis sous mes couvertures, ma chatte dans mes bras et mon médaillon dans ma main, mais mon cœur n'en demeure pas moins brisé. L'absence de mon cousin a de tels accents d'adieu que le lendemain, profitant d'une visite de maman chez notre voisine, je m'enferme dans ma chambre, prise d'un impérieux besoin de coller à ma peau, faute de pouvoir les porter en moi, tout ce qui évoque mon cousin. J'attache le médaillon à mon cou, je pare mes cheveux de mes nouvelles barrettes bleues et je glisse dans la poche de ma robe sa lettre et le serpentin qu'il m'a offert. Je me contemple longuement dans le miroir, la main posée sur le médaillon de notre amour. Comme ma sœur bavarde avec notre servante près de la machine à laver, je m'accorde la permission de revêtir la superbe robe longue en organdi et le voile blanc qu'elle a portés pour une cérémonie religieuse, le Jeudi saint. Là, je ressemble vraiment à une mariée. Je n'ai pas de mal à imaginer mon cousin à mes côtés tant j'ai regardé la photo de mariage de mes parents. Comme mon père, il porte un œillet blanc à son veston marine et il sourit, gracieux. La présence de celui qui les a mariés veut s'imposer au décor que j'invente. Je chasse cette image. Elle revient, insistante. Le regard de ma mère, celui des jours sombres, m'incite à la repousser encore et encore.

Le retour de maman me prend au dépourvu. Je n'ai pas le temps de retirer ma robe de noces, d'enlever mes barrettes et de glisser mon médaillon sous ma camisole. Des pas dans l'escalier... Je m'affole. Ouf! C'est ma sœur.

« Quelque chose ne va pas, me confie-t-elle, l'air désolé. Maman s'est enfermée dans sa chambre... »

Est-ce pour se distraire de sa peine que, loin de me reprocher d'avoir pris sa robe sans sa permission, ma sœur m'offre de participer à mon jeu ? « Je vais faire le marié », propose-t-elle. Je m'y plais moins qu'elle ne le croit. Je préférerais continuer d'imaginer que c'est mon cousin qui est accroché à mon bras. Fascinée par notre jeu, elle ne remarque mes barrettes que lorsque, obéissant à la demande de notre servante, nous revêtons nos habits ordinaires pour aller prendre place à la table. Ses exclamations attirent aussitôt l'attention de notre mère et... ses accusations. Sans ménagement, elle m'enlève mes barrettes et jure de les rendre à ma tante à leur prochaine visite. « **Pour ta punition, tu n'auras pas de dessert de la semaine.** » Je me précipite vers ma chambre et en redescends avec le papier qui, je le crois, me disculpera.

« J'en connais un autre qui n'est pas près d'oublier qu'on n'a pas le droit de voler, pas plus dans le magasin de ses parents qu'ailleurs », me dit-elle, courroucée. Pour ne pas que mon cousin soit puni, j'accepterais bien d'être privée de dessert pendant toute une année. Mais comment obtenir de maman que jamais elle ne dévoile ce méfait à ma tante ? Que je regrette de ne pas savoir suffisamment écrire pour l'en supplier. Que je souffre cette fois de ne pouvoir parler. Je repousse l'assiette de légumes qu'on vient de me servir et je sanglote, la tête enfouie entre mes bras croisés sur la table. « Tu étais capable de me les demander, ces barrettes, si tu voulais que je te les achète. Tu sais te faire comprendre quand tu veux… » Je proteste et pleure sans obtenir l'intervention que je souhaitais, ni de ma sœur ni de ma cousine. Comme je déplore que mon père, parti refaire les armoires d'une dame du village, ne soit là.

« Tu ne veux pas manger ? » demande maman pour la deuxième fois. Alors, monte te coucher. »

En quittant la table, je lance un regard suppliant à notre servante. Viendra-t-elle me consoler ?

Je n'ai pas gagné ma chambre que ma sœur prie maman de ne pas exposer mon cousin aux punitions d'une mère sévère comme cette tante. « Elle est toujours sur son dos. Son frère me l'a dit, continue-t-elle, excédée.

— Avoue qu'il ne laisse pas sa place pour les mauvais coups.

— Ma tante ne l'aime pas, celui-là.

— Que je ne t'entende jamais répéter ça. Je ne sais pas ce qui me retient de t'envoyer en punition, toi aussi. File laver la vaisselle. »

Décidément, maman ne va pas bien. Il a dû se passer quelque chose de grave pendant sa visite chez notre voisine pour qu'elle en revienne de si mauvaise humeur. En y repensant bien, je me rappelle qu'elle paraissait soucieuse, cette bonne dame, lorsqu'elle est venue, ce matin, demander à maman si elle disposait d'un peu de temps pour traverser chez elle. Contrairement à son habitude, elle ne s'est pas intéressée à nous, les enfants. Elle est vite repartie, et maman a passé presque toute la matinée chez elle.

*
* *

Comment croire que le début de la saison que je préfère entre toutes m'ait réservé tant de contrariétés ? L'inquiétude que cause à mes parents mon éventuelle entrée à l'école leur inspire des démarches qui perturbent toute la famille. Les consultations auprès de divers spécialistes dans une ville éloignée nous obligent tous trois à nous absenter fort souvent de la maison. Mon petit frère s'ennuie beaucoup de maman et ma grande sœur nous envie de manger si souvent dans les restaurants. Si elle en soupçonnait seulement le prix à payer ! Rarement ai-je vu mes parents se disputer autant et si sérieusement. Avant et après chaque consultation, du siège arrière de la voiture, j'assiste, le cœur meurtri, à des discussions orageuses, je surprends des regards dont je devine la lourdeur et parfois même la désapprobation. Plus d'une fois, j'ai vu maman s'éponger discrètement les joues alors que papa se contraignait au silence jusqu'à la maison. C'est d'autant plus triste qu'elle porte un bébé dans son ventre. Quand elle pleure, je crains qu'il pleure aussi. Rien ne m'est plus intolérable que de penser qu'un petit enfant puisse avoir de la peine ou ressentir de la douleur. J'en suis d'autant malheureuse que j'ai conscience d'y être pour quelque chose. C'est pour ça que je profite de la moindre occasion pour me retirer à l'écart avec le petit coussin vert que notre servante m'a donné. Quand je suis sûre de n'être entendue de personne, je crie des mots dans mon coussin. Même si ça me fait très mal en dedans. Des mots que je voudrais dire à mes parents, à ma sœur, à ceux que j'aime. Mais dès que je me retrouve en leur présence, ces mots restent pris dans ma gorge, et la douleur que j'avais apaisée en les hurlant dans mon coussin revient se loger dans mon corps.

L'après-midi venu, je vais me blottir contre le pommier le plus éloigné de notre verger. J'ai apporté avec moi non seulement mon coussin, mais aussi mon médaillon et la photo de mariage de mes parents. La plus petite. Celle qui n'est pas encadrée et que j'avais trouvée dans la grosse boîte. Devant la photo de mon cousin, je dis tout ce que je veux quand il n'y a pas de témoin. Mais celle de mes parents sème la tempête en moi. Je ne dis pas les mots que je choisis et je m'entends prononcer des paroles parfois affreuses, souvent honteuses. Les mots simples et brûlants d'amour dévient. Je me lasse, découragée.

Soudain, je sens quelqu'un s'approcher. Comment savait-elle que j'étais là ? Comme elle vient derrière moi, pour ne pas me faire peur, notre voisine s'est mise à fredonner. Je feins de ne pas l'entendre. Je sais qu'elle chante rien que pour moi et ça me charme. Lorsqu'elle s'accroupit près de moi, je crois qu'elle ne devinera pas que j'ai pleuré à force d'avoir mal. À force de me battre sans succès. Elle presse ma tête sur sa poitrine et je constate qu'elle pleure aussi. Il n'aurait pas fallu. C'est trop dur pour moi. Je voudrais mourir. Nous restons là un bon moment. Je n'ai presque plus mal lorsqu'elle prend ma main et me demande de venir chez elle. Nous passons devant notre maison sans nous y arrêter. On dirait même qu'il n'y a personne. Un frisson me traverse le dos.

Sur la table de la cuisine, cette dame à la fois mystérieuse et unique pose un petit plateau de carrés de sucre à la crème et deux verres de lait au chocolat. Étrange ! Je ne l'ai jamais vue boire de lait au chocolat. En fait, elle n'y touche pas, mais elle m'exhorte à prendre au moins quelques gorgées du mien. Les friandises dont je raffole ne m'attirent plus tant je sens une vive appréhension m'envahir.

« Tu te rappelles la dernière fois que tu en as bu ici ? Tu étais avec ton cousin préféré… », prend-elle la peine de préciser en caressant le verre comme si c'était la main de mon cousin.

« Tu te souviens bien de ce que je vous ai appris ce jour-là ? »

Je le lui confirme, pressée de savoir où elle veut en venir.

« Tu sais donc que quelqu'un qu'on aime reste toujours près de nous, même quand on ne le voit pas. Même quand, comme ma meilleure amie, il est parti rejoindre le Grand Ange. »

Ma gorge se serre. Elle prend ma main, se dirige vers sa chaise berçante et m'installe sur ses genoux. Avec une infinie tendresse, elle niche ma tête dans son cou, ne cessant de caresser mes cheveux.

« Il était si beau qu'il ne pouvait rester plus longtemps sur la terre… », dit-elle la voix faussement sereine.

Mais de qui parle-t-elle ? De mon petit frère ? De mon père ? De mon cousin ? Du bébé que maman porte dans son ventre ? Je retiens mon souffle. Je me prépare au coup qui me sera asséné.

« Ta maman m'a raconté que ç'a été très spécial la dernière fois que tu l'as vu. »

Le regard éploré de mon cousin, seul sur le trottoir, me revient. Je me redresse et supplie ces yeux qui se mouillent de me dire que je me trompe.

De ses deux mains, elle encadre mon visage et colle mon front au sien. « Petite fille que j'aime tant, je ne sais pas, moi non plus, pourquoi de si grandes souffrances te sont réservées. Tu es si frêle et en même temps si forte... »

Ma poitrine s'ouvre. Je n'ai plus de voix. Je ne veux regarder personne. Entendre personne. Que lui.

Quelqu'un est venu me porter dans mon lit. Sur un de mes oreillers sont déposés mes barrettes bleues et le billet écrit de la main de mon cousin mortellement frappé par une voiture devant son domicile. La figure enfouie dans mon autre oreiller, les deux mains crispées sur mon médaillon, j'attends le grand moment. Celui qui m'unira pour toujours au seul être à qui j'ai pu tout dire, sans effort, quand personne ne nous entendait.

L'idée me vient de croire que le Grand Ange ne lui avait demandé de peindre qu'un tout petit objet sur la grande murale et qu'il s'est acquitté de sa tâche à la perfection. Ma seule consolation en attendant de me précipiter dans ses bras est de savoir qu'il n'aura plus à souffrir des punitions de sa mère. Je ne peux oublier la tristesse de son dernier regard. Elle m'obsède et me pousse vers l'autre vie. Je ne me sens bien que dans le refus de la lumière, de la parole et de toute nourriture. Ni les supplications de mon père, ni les larmes de ma sœur, ni les promesses de notre servante ne me donnent le goût de prolonger mon existence. Maman se fait très discrète. Papa dit qu'elle est extrêmement fatiguée et qu'il s'inquiète aussi pour elle. Je passe mon bras à son cou, colle ma figure à la sienne, désemparée. Il se retire doucement, relève les mèches de cheveux qui tombent sur mon front, me fixe droit dans les yeux et prononce des paroles que je n'aurais jamais cru entendre de sa bouche :

« J'ai une question très importante à te poser. Il faut que tu me jures de dire la vérité. Tu me le jures ? »

Des battements de paupières et ma main posée sur mon médaillon l'en assurent.

« Dis-moi, souffres-tu vraiment de ne pouvoir parler ? »

Je pince les lèvres pour retenir mes sanglots. Les larmes coulent sur mes joues, sur mon oreiller, abondantes et infinies.

« Si tu parvenais à parler… Ce n'est pas tout à fait ce que je voulais dire. Je veux plutôt savoir si tu aurais le goût de continuer à vivre avec nous si tu n'avais plus mal dans ta gorge ? »

De nouveau, je m'accroche à son cou et garde sa tête sur mon oreiller pour mieux goûter cet instant divin où mon père m'a rejointe au creux de ma blessure. Au cœur de mon étranglement. D'une voix douce comme le murmure d'une source, il poursuit :

« Quoi qu'il arrive, je veux que tu saches que je t'aime plus que tous les papas du monde. »

Je retiens mon souffle et cet aveu avec lequel je voudrais partir. Ne plus rien entendre d'autre. Protéger ce serment de toute profanation.

«Ce que je donnerais pour trouver ce qui pourrait te guérir», dit-il en se libérant délicatement de mon étreinte.

Ce qui pourrait me guérir? Ces mots balaient d'un seul coup la quiétude qui était venue, l'instant précédent, m'anesthésier un tant soit peu. Ces mots, comme une flamme vorace, me brûlent en dehors et en dedans. Je roule sur moi-même en gémissant: «Maman... Maman... Maman...» Derrière ces mots propulsés de ma gorge avec violence d'autres restent coincés.

Le docteur est venu, m'a examinée et m'a prescrit des comprimés. Certains provoquent d'affreux cauchemars, d'autres me font vomir. Les parentes qui ne m'aiment pas ont rendu visite à maman, mais elles ne sont pas montées à ma chambre. Je crois que je les aurais griffées.

Papa m'apporte souvent de petites gâteries, caresse mon front, mais ne me parle presque plus. Notre voisine doit venir me voir dans quelques minutes. Pour elle, j'ai accepté que notre servante brosse mes cheveux, les pare de mes barrettes bleues et m'enfile le pyjama que j'avais étrenné à Pâques chez mon cousin.

«J'ai eu de la grande visite, cette nuit, me dit la bonne dame, un sourire aux lèvres, mais les yeux pleins d'eau. Dans mon rêve, bien sûr. Tu devines?»

Mon regard exprime l'envie.

«Ton cousin a de la peine de voir que tu ne veux pas terminer ta peinture sur la grande toile... C'est important, tu sais. Pour toi, mais aussi pour nous qui sommes encore sur la terre.»

Je caresse sa main faute de trouver le courage de la regarder.

« Ton cousin croyait que tu avais compris que, même si tu ne vois plus son corps, il reste toujours près de toi. Plus qu'avant, même. »

De nouveau, je pleure. Je ne sais que pleurer depuis qu'il n'est plus.

« Tu es tout près de remporter une grande victoire. Il ne te reste que quelques efforts à faire et, pour le reste de ta vie, tu pourras dire tout ce que tu voudras… »

N'y a-t-il personne qui comprenne qu'il n'est pas en mon pouvoir de décider ou non de parler ? Même notre voisine, cette femme à qui j'ai prêté toutes les qualités du monde, m'en attribue la responsabilité. Je voudrais faire entendre ma détresse, hurler ma révolte.

« Il m'a chargé de te transmettre un message. Tu veux le connaître ? »

Je m'accroche vivement à ce nouvel espoir de réconfort. Je porte la main de ma messagère sur ma joue ruisselante. De l'autre, elle lisse mes cheveux.

« Il dit qu'avant même que tu sois devenue une grande personne… »

Je devrai donc vivre si longtemps loin de lui ! Mon cœur flanche.

« Ne pleure pas. Attends que je t'aie tout dit, tu verras. Avant même que tu sois devenue une grande personne, tu pourras faire ce que tu aimes le plus au monde… devant beaucoup de gens… qui viendront t'applaudir. C'est lui qui me l'a dit. »

Violent, le ressac d'émotions ramène mes cuisses sur mon ventre, ma tête sur mes genoux.

Notre voisine me laisse seule.

*
* *

Mon père et ma mère sont partis pour quelques jours.

« Ils avaient besoin d'un petit congé », m'explique notre servante.

Je ne sais pas où ils sont allés et je m'en inquiète. Les grands-parents maternels ont proposé à ma grande sœur d'habiter avec eux pendant l'absence de mes parents, mais elle s'y est opposée. Je lui en suis très reconnaissante. La tante qui ne m'aime pas est venue offrir ses services, mais notre servante les a refusés. Par contre, elle ne dédaigne pas la présence quotidienne de notre voisine, la seule personne qui a réussi à me convaincre de sortir de ma chambre pour les repas et d'aller me balancer. Espérait-elle que je recommence à chanter ? Quelle déception ! Je suis si frêle que j'ai peine à décoller mes pieds du sol. Devant moi, loin, « là-bas », les clochers semblent, de leurs reflets, me narguer. Eux dont j'admirais jadis la fière allure... L'infinitude de l'espace me fait ressentir davantage ma terrible solitude. La cigale qui craquette au soleil ne me sort pas de ma léthargie. Je demeure là, pourtant, aussi longtemps que ma grande sœur le souhaite. Elle non plus ne chante pas. Pour ne pas me blesser, je crois. Bien plus, elle vient de temps en temps me donner de petites poussées dans le dos pour que je m'élève un peu plus haut. Je la trouve très gentille. Elle dit que plus de la moitié des vacances scolaires sont passées et qu'elle aura un nouveau sac d'école pour commencer sa troisième année. « Toi aussi tu en auras un tout neuf. Maman me l'a dit », m'apprend-elle candidement, comme si j'avais encore envie d'aller à l'école. Comme si je pouvais aller à l'école.

Mes parents sont absents depuis une dizaine de jours lorsque, entourée de non-dits et de sous-entendus, vêtue de mes plus beaux habits, je monte dans la voiture de mon oncle le taquin qui, ce jour-là, se fait carpe. Notre voisine, l'air non moins soucieux, m'accompagne, assise avec moi sur la banquette arrière. Pourquoi a-t-on refusé à ma grande sœur ce privilège de venir voir papa et maman ? Pourquoi moi seulement ? Les villages que nous traversons me font craindre une autre consultation chez le spécialiste. Le souvenir du caractère lugubre de ces rencontres me donne envie de m'enfuir au prochain arrêt. Halte qui tarde tant que j'allais la provoquer en simulant un besoin d'aller aux toilettes quand mon accompagnatrice la réclame. Derrière le garage où mon oncle fait le plein d'essence se trouvent deux cabines.

« Tu veux y aller toi aussi ? me demande notre voisine. Attends-moi ici », ajoute-t-elle avant d'entrer dans la cabine qui porte une vignette de fille.

Derrière moi, des champs en friche, des herbes folles et un amas de bois de démolition. Rien de mieux pour me cacher. J'hésite toutefois en pensant que je pourrais abîmer mes vêtements. Je crois trouver mieux : l'autre cabine. Je m'y introduis. Le verrou est difficile à atteindre. Je dois faire vite, je pense que notre voisine est sur le point de sortir de sa cabine. Je grimpe sur le siège des toilettes et parviens ainsi à verrouiller la porte. Je ne bouge plus. La cabine d'à côté s'est libérée.

« Où est-ce qu'elle est passée… », marmonne la bonne dame.

Je tremble. Puis, c'est le silence.

Quelqu'un fouille les alentours. Mon oncle et notre voisine les accompagnent. Ils ont l'air affolés. Mon esprit s'embrouille en les entendant crier mon nom. Je regrette. Je ne peux pas leur faire ça. Et puis, où irais-je ?

« Elle doit avoir pris la route… Remontez dans la voiture, on va vite la rattraper », dit mon oncle.

J'entends leurs pas sur le gravier, puis, plus rien. Non. Je dois les rejoindre vite à la voiture. Grimpée de nouveau sur le siège des toilettes, j'attrape le verrou… qui résiste. Je n'arrive pas à le tirer. Je suis emprisonnée là pendant qu'ils partent à ma recherche. Attendre qu'un monsieur vienne sonder la porte ou donner des coups de pied dedans pour qu'on me libère ? L'un comme l'autre me couvrent de honte. Et s'il fallait que ce soit un méchant qui se présente le premier ? Je supplie mon cousin décédé de venir à mon aide. D'inspirer mon oncle et notre voisine afin qu'ils fassent demi-tour.

Pourquoi ne reviennent-ils pas encore ? Les minutes s'alourdissent et le désarroi me gagne. Je n'entends que des bruits d'outils sur la tôle et le roulement des voitures qui filent. Une vient de s'arrêter, je crois. J'entends un claquement de portières. Des pas sur les cailloux vont bientôt arriver jusqu'à moi. La voix de notre voisine répondra à mes pleurs et je serai délivrée. Ces messieurs doivent bien connaître un moyen d'enlever cette porte qui m'emprisonne ici.

Rien encore.

Peut-être sont-ils à interroger les mécaniciens.

Quelqu'un approche. Un raclement de gorge me révèle qu'il s'agit d'un homme. Mon oncle, peut-être. Le mentonnet de la clenche claque, la porte résiste. « Oh ! Pardon ! » dit une voix feutrée. Je sens que l'inconnu attend tout près. Je tremble tant. Je ne sais lequel du silence ou du bruit serait préférable. Attendre encore un peu au cas où les miens reviendraient, voilà qui me semble préférable.

« Il y a quelqu'un ? » demande l'homme.

Je suis paralysée.

De nouveau, la porte est secouée, mais demeure verrouillée.

« Monsieur, répondez. En avez-vous pour longtemps ? »

J'ai peine à étouffer mes sanglots.

Des pas sur le gravier, le bruit qui s'estompe. Je suis perdue. Assise sur le couvercle refermé, mon visage enfoui au creux de mes mains, je laisse passer quelques sanglots. « Plus près de toi que lorsqu'il était vivant », m'a dit notre voisine en parlant de mon cousin. Pourquoi ne vient-il pas à mon secours ?

Je suis sur le point de hurler et de frapper de toutes mes forces dans la porte lorsque j'entends des voix d'hommes...

« Vous avez raison. Cette porte est verrouillée...

– Et pourtant, je n'ai pas vu un seul homme passer ici depuis une bonne demi-heure, dit l'un d'eux.

– Il y a quelqu'un là-dedans ? » demande le premier.

Je voudrais me faire chenille.

« Bon ! Je vais aller chercher des outils. Attendez-moi, ce ne sera pas long. »

Comme je regrette d'avoir commis une telle sottise ! Pour qui me prendra-t-on ? Que fera-t-on de moi ? Et s'il fallait qu'on me fasse enfermer, me croyant idiote ?

Je laisse entendre une plainte.

« Quelqu'un ? » s'écrie l'homme qui attend.

Je sens qu'il vient de coller son oreille à la porte. Il entend mes pleurs.

« Vite, monsieur, il y a un enfant d'enfermé dans la cabine. »

Les écrous sautent, un tournevis s'attaque à la serrure, une scie à fer termine le travail. Devant moi, trois hommes éberlués : deux sont en habit de travail et l'autre est vêtu avec élégance. Son regard me transperce.

« Où sont tes parents ?
— Comment t'appelles-tu ?
— Où habites-tu ? »

Autant de questions qui demeurent sans réponse.

« Quand t'auras assez pleuré, tu nous répondras, dit le passant bien vêtu.
— Viens prendre un verre de liqueur en attendant qu'on voie clair dans ton affaire », me propose un des deux hommes en salopette.

Puis les deux mécaniciens chuchotent. L'homme aux beaux habits me prie de les suivre dans le garage. Sa voix m'inspire confiance.

« On ne te fera pas de mal. On va juste t'aider à retourner chez toi... », dit-il, ses yeux constamment braqués sur moi.

Je le suis, mais sans cesser de pleurer, espérant que mon oncle arrive avant qu'on devine que je ne parle pas. Assise sur l'une des trois chaises réservées aux clients, je fixe le verre que je tiens sur mes genoux sans y tremper mes lèvres. Je me sens affreusement humiliée et totalement désarmée.

« Ne pleure plus. Je vais rester avec toi tant qu'on n'aura pas trouvé tes parents. Je te le promets », me déclare le monsieur endimanché.

S'il pouvait comprendre comme j'apprécie sa présence.

Un des mécaniciens a apporté le téléphone de l'autre côté de la porte... pour ne pas que je l'entende. À qui peut-il bien parler de la fillette trouvée dans les toilettes des hommes? Qui viendra me chercher et pour m'emmener où? Il n'a pas terminé son appel que deux policiers arrivent. Le plus grand dit à l'autre:

« Appelle tout de suite au poste et dis-leur qu'on l'a trouvée. »

Qui s'empressent-ils d'informer?

Je voudrais bien entendre ce que ces hommes chuchotent entre eux en me jetant des regards furtifs. Les policiers, debout devant la vitrine à laquelle je suis adossée, surveillent l'arrivée des gens... Des cailloux crépitent sous les pneus, un bruit de moteur... Du coin de l'œil, je reconnais l'auto de mon oncle qui se gare dans l'entrée du garage. Je tremble de tout mon corps. De joie, mais de crainte aussi. Notre voisine entre la première et, avant même de se rendre jusqu'à moi, elle fait un pas en arrière.

« Vous? Mais que faites-vous ici? demande-t-elle au gentil monsieur qui me tenait compagnie.

– Je revenais d'une rencontre importante avec ma nièce et... »

Il fixe notre voisine, puis se tourne vers moi, l'air d'avoir saisi dans l'expression stupéfaite de la bonne dame un message que je ne comprends pas. « Bonne chance, ma p'tite », me dit-il en posant sa main sur ma tête avant de disparaître piteusement. Je suis on ne peut plus troublée.

L'atmosphère est tendue dans la voiture où je prends place sur la banquette arrière avec notre voisine. Elle tarde tant à m'adresser la parole.

« J'aurais dû t'expliquer avant de partir, dit-elle enfin. Je sais pourtant que c'est quand tu ne comprends pas que tu fais des bêtises. Tiens, essuie ta figure. »

Elle me tend un petit chiffon citronné qu'elle a sorti d'une enveloppe scellée.

« Nous sommes presque arrivés à l'hôpital où on soigne ta maman. Elle a eu beaucoup mal à son ventre… »

Je sens qu'elle doit m'annoncer quelque chose de grave. Ses lèvres tremblent. Je saisis sa main. Pour la réconforter ou pour me protéger, je ne sais. Peut-être l'un et l'autre.

« Le petit bébé qu'elle avait dans son ventre… »

C'est donc ça. Il est mort.

« Il est allé… rejoindre ton cousin auprès du Grand Ange. Il était très malade à sa naissance. »

Je ne pense plus qu'à maman. À cette perte qui lui déchire le cœur. Je voudrais me voir déjà près d'elle en train de la consoler. Je ne sais pas comment, mais je sais que je pourrai la consoler.

« Ta maman m'a demandé de t'amener la voir… parce qu'elle t'aime beaucoup », dit-elle à travers les larmes qu'elle n'a pu retenir.

Pourquoi moi ? Pourquoi pas ma sœur et mon petit frère aussi ?

La bonne dame comprend mes interrogations.

« Ta maman a quelque chose d'important à te dire. »

Le souvenir de ces longs moments où ma mère a pleuré près de moi, la tête appuyée contre la mienne sur mon oreiller, me traverse le corps comme une épée brûlante. Je sens resurgir en moi l'envie de fuir, d'échapper à l'aveu de ma mère. S'affirme aussi cette nécessité de l'entendre, quitte à en mourir. Je me sens si fragile qu'un mot, un geste pourrait me tuer.

« N'aie pas peur », me dit notre voisine avec ce même accent affectueux que j'avais perçu dans la voix du monsieur bien vêtu. Son bras entoure mes épaules et elle me garde blottie contre elle jusqu'à l'hôpital où ma mère m'attend. Papa est déjà dans le hall où mon oncle et notre voisine resteront. Il m'accueille d'un gros câlin… silencieux. Ma main dans la sienne, je le suis dans des corridors blancs et froids jusqu'à cette porte fermée devant laquelle il s'arrête, penche la tête et m'adresse un regard inquiet avant de la pousser lentement. Elle est là, maman, assise dans son lit. Elle avait tendu ses bras vers moi avant même que j'arrive, je le jurerais. Des larmes se mêlent à son sourire, un sourire comme je ne lui en ai jamais vu.

« Viens, ma p'tite chérie. Viens. »

Ses bras se sont refermés sur moi et je sens les soubresauts de sa poitrine sur mon ventre.

« Je t'aime tellement. Je n'aurai pas assez de toute ma vie pour te le dire. Pour te le prouver… Pour réparer tout le mal que je t'ai fait, ma pauvre p'tite. »

Maman pleure si fort que j'ai peur qu'elle en meure. « Non, maman. Non. Je ne veux pas que vous partiez vous aussi. Non. Je vous sauverai, maman. Je vous guérirai, maman. »

Papa est venu nous enlacer.

À l'été de mes seize ans, une brillante carrière dans la chanson se dessinait devant moi. Appelée au chevet de ma mère, j'apprenais que l'homme endimanché rencontré au garage s'était déjà présenté à notre domicile, déguisé en mendiant. Que cet homme, ex-missionnaire en Afrique, avait célébré le mariage de mes parents et que, deux ans plus tard, sous l'effet de l'alcool et mû par son irrésistible attirance pour les femmes, il avait violé ma mère. Était-il mon père ? Sa lettre de repentir avait été envoyée chez notre voisine, qui l'avait remise à ma mère à l'occasion de cette visite dont elle était revenue fort troublée. Cette lettre, celle qui me disait adieu me la tendait de sa main tremblotante.

AUTRES TITRES PARUS
DANS LA MÊME COLLECTION

Barcelo, François, *J'enterre mon lapin*
Barcelo, François, *Tant pis*
Borgognon, Alain, *Dérapages*
Borgognon, Alain, *L'Explosion*
Boulanger, René, *Les Feux de Yamachiche*
Breault, Nathalie, *Opus erotica*
Cliff, Fabienne, *Le Royaume de mon père. T. I : Mademoiselle Marianne*
Cliff, Fabienne, *Le Royaume de mon père. T. II : Miss Mary Ann Windsor*
Collectif, *Histoires d'écoles et de passions*
Côté, Jacques, *Les Montagnes russes*
Dallaire, Michel, *Terrains vagues*
Désautels, Michel, *La semaine prochaine, je veux mourir*
Désautels, Michel, *Smiley* (Prix Robert-Cliche 1998)
Dupuis, Gilbert, *Les Cendres de Correlieu*
Dupuis, Gilbert, *La Chambre morte*
Dupuis, Gilbert, *L'Étoile noire*
Dussault, Danielle, *Camille ou la Fibre de l'amiante*
Fauteux, Nicolas, *Comment trouver l'emploi idéal*
Fauteux, Nicolas, *Trente-six petits cigares*
Fortin, Arlette, *C'est la faute au bonheur*
Fournier, Roger, *Les Miroirs de mes nuits*
Fournier, Roger, *Le Stomboat*
Gagné, Suzanne, *Léna et la Société des petits hommes*
Gagnon, Madeleine, *Lueur*
Gagnon, Madeleine, *Le Vent majeur*

Gagnon, Marie, *Les Héroïnes de Montréal*
Gélinas, Marc F., *Chien vivant*
Gevrey, Chantal, *Immobile au centre de la danse* (Prix Robert-Cliche 2000)
Gill, Pauline, *La Cordonnière*
Gill, Pauline, *La Jeunesse de la cordonnière*
Gill, Pauline, *Le Testament de la cordonnière*
Girard, André, *Chemin de traverse*
Girard, André, *Zone portuaire*
Grelet, Nadine, *La Fille du Cardinal*
Gulliver, Lili, *Confidences d'une entremetteuse*
Gulliver, Lili, *L'Univers Gulliver 1. Paris*
Gulliver, Lili, *L'Univers Gulliver 2. La Grèce*
Gulliver, Lili, *L'Univers Gulliver 3. Bangkok, chaud et humide*
Gulliver, Lili, *L'Univers Gulliver 4. L'Australie sans dessous dessus*
Jobin, François, *Une vie de toutes pièces*
Laferrière, Dany, *Comment faire l'amour avec un Nègre sans se fatiguer*
Laferrière, Dany, *Eroshima*
Laferrière, Dany, *Le Goût des jeunes filles*
Laferrière, Dany, *L'Odeur du café*
Lalancette, Guy, *Il ne faudra pas tuer Madeleine encore une fois*
Lalancette, Guy, *Les Yeux du père*
Lamothe, Raymonde, *L'Ange tatoué* (Prix Robert-Cliche 1997)
Lamoureux, Henri, *Le Passé intérieur*
Landry, Pierre, *Prescriptions*
Lapointe, Dominic, *Les Ruses du poursuivant*
Lavigne, Nicole, *Les Noces rouges*
Maxime, Lili, *Éther et musc*
Moreau, Guy, *L'Amour Mallarmé* (Prix Robert-Cliche 1999)
Nicol, Patrick, *Paul Martin est un homme mort*
Robitaille, Marc, *Des histoires d'hiver, avec des rues, des écoles et du hockey*
Roy, Danielle, *Un cœur farouche* (Prix Robert-Cliche 1996)
Saint-Cyr, Romain, *L'Impératrice d'Irlande*
Tremblay, Françoise, *L'Office des ténèbres*

Turchet, Philippe, *Les Êtres rares*
Vignes, François, *Les Compagnons du Verre à Soif*
Villeneuve, Marie-Paule, *L'Enfant cigarier*

CET OUVRAGE
COMPOSÉ EN GARAMOND CORPS 14 SUR 16
A ÉTÉ ACHEVÉ D'IMPRIMER
EN NOVEMBRE DEUX MILLE UN
SUR LES PRESSES DE TRANSCONTINENTAL
DIVISION IMPRIMERIE GAGNÉ
À LOUISEVILLE
POUR LE COMPTE DE
VLB ÉDITEUR.

IMPRIMÉ AU QUÉBEC (CANADA)